COLLECTION DE MANUELS D'HYGIÈNE POUR LES GENS DU MONDE.

MANUEL

DES

BAIGNEURS

PRÉCÉDÉ

DE L'HISTOIRE DES BAINS

CHEZ LES PEUPLES ANCIENS ET MODERNES,

Emploi raisonné des Bains chauds, tièdes et froids ; des *Eaux minérales naturelles et artificielles* ; les précautions à prendre avant, pendant et après leur usage ;

SUIVI

D'UN TRAITÉ DE LA NATATION

Et d'une *Statistique* des Établissements de Bains et des Eaux minérales de France et de l'Étranger.

PAR V. RAYMOND,

Docteur en Médecine de la Faculté de Paris.

PARIS,

DESLOGES, Éditeur d'Ouvrages d'Arts et de Sciences,

RUE SAINT-ANDRÉ-DES-ARTS, 39.

1840

MANUEL

DES

BAIGNEURS.

PARIS. — IMPRIMERIE D'A. RENÉ ET CIE,
Rue de Seine, 32.

COLLECTION DE MANUELS D'HYGIÈNE POUR LES GENS DU MONDE.

MANUEL

DES

BAIGNEURS

PRÉCÉDÉ

DE L'HISTOIRE DES BAINS

CHEZ LES PEUPLES ANCIENS ET MODERNES,

Emploi raisonné des Bains chauds, tièdes et froids ; des *Eaux minérales naturelles et artificielles ;* les précautions à prendre avant, pendant et après leur usage ;

SUIVI

D'UN TRAITÉ DE LA NATATION

Et d'une *Statistique* des Établissements de Bains et des Eaux minérales de France et de l'Étranger.

PAR V. RAYMOND,

Docteur en Médecine de la Faculté de Paris.

PARIS,

DESLOGES, Éditeur d'Ouvrages d'Arts et de Sciences,

RUE SAINT-ANDRÉ-DES-ARTS, 39.

1840

TABLE DES MATIÈRES.

Ferrières, 75. — Foncaude, 58 — Fonfort, 58. — Fontane, 58. — Fontenelle, 84. — Forcéral, 58. — Forges, 71. — Fortréal, 58. — Foussauge, 58.

Gamarde, 53. — Gournay, 74. — Gréoulx, 49.

Heilbrunn, ou Heidelbrunn, 84.

Jonas (la source), 75. — Jouhe, 85.

Labassère, 51. — La Bourboule, 65. — Lachaldette, 58. — Lagenshwalbach, 73 et 76. — Laifour, 59. — La Madeleine, 59. — Lamalou, 67. — Lamothe, 85. — Langeac, 59. — Lannion, 75. — Laplaine, 75. — Lapreste, 49. — Larivière, 76. — La-Roche-Pozay, 53. — Laroque, 53. — Lecapus, 59. — Lamonestier, 85. — Le-Sail-de-Causan, 59. — Leuk, 47. — Losdorf, 56. — Louèche, 47. — Luchon, 46. — Lucques, 46. — Luxeuil, 74 et 80.

Marienbad, 70. — Merlange, 59. — Medague, 59. — Molitg, 49. — Montbrison, 59. — Mont-Cornador, 60. — Mont-Dore, 67. — Mont-Liguon, 75. — Montner, 60.

Nancy, 74. — Neffiach, 85. — Néris, 68. — Niederbronn, 76 et 85.

Olette, 52. — Orezza.

Passy, 75. — Petersberg, 60. — Pfeffers, 52. — Pietra-Pola, 50. — Plombières, 69 et 74. — Pont-de-Resle, 74. — Pornic, 75. — Pougues, 60. — Pouillon, 85. — Prélhac, 85. — Prémeaux, 61. — Provins, 73. — Pullna, 83. — Pyrmont, 55.

Rœsdorf, 57. — Reims, 74. — Rennes, 60, 76 et 85. — Roye, 74. — Rouen.

Saint-Alban, 65. — Saint-Amand, 32 et 75. — Saint-Antoine-de-Guagua, 50. — Saint-Gondom, 75. — Saint-Gervais, 79 et 60. — Saint-Galmier, 60. — Saint-Denis-sur-Loir, 75. — Saint-Honoré, 51. — Saint-Laurent-les-Bains, 67. — Sainte-Marie (Cantal), 61. — Sainte-Marie (Puy-de-Dôme), 61. — Sainte-Marie, 52. — Sainte-Marguerite, 61. — Saint-Mart, 60. — Saint-Martin-de-Fenouilla, 60. — Saint-Martin-de-Valmereux, 61. — Saint-Myon, 61. — Saint-Nectaire, 64. — Saint-Paul-de-Fenouièdes, 85. — Saint-Pardoux, 61. — Sainte-Reine, 61. — Saint-Sauveur, 47. — Salces, 85. — Sambuse, 86. — Segray, 75. — Sedlitz, 83. — Seidchutz, 83. — Seltz ou Selters, 54. — Seneuil, 75. — Sermoise, 75. — Scarborough, 76. — Schinznach, 48. — Schlangenbad, 52 et 78. — Shwalbach, — 73 et 76. — Siradan, 52. — Soden, 86. — Sorède, 61. — Source-de-Campagne, 62. — Spa, 56. — Sultzmatt, 69, — Sylvanès, 86.

FIN DE LA TABLE DES MATIÈRES.

MANUEL DU BAIGNEUR.

CHAPITRE Ier.

Bains en général. Histoire des Bains.

Il en est des bains et des eaux minérales comme de tous les autres moyens de traitement; leur utilité dépend de leur application judicieuse; un bain donné à propos, à la température convenable et avec les précautions nécessaires, empêche souvent une maladie grave de se développer; mais s'il est pris à contre-temps, trop chaud ou trop froid, et sans précaution aucune, il peut devenir la cause d'une maladie qui ne serait pas survenue sans cela. C'est pour répandre autant que possible, parmi les gens du monde, les connaissances hygiéniques nécessaires sur l'oppor-

1

tunité des bains ou des eaux minérales, sur les précautions à prendre avant, pendant et après leur usage, que nous avons entrepris ce Traité. On agit bien plus sûrement lorsqu'on cherche à prévenir les maladies, que lorsqu'on veut les détruire une fois qu'elles se sont emparées de nos organes. Aussi tous les médecins s'efforcent-ils de populariser autant que possible les notions d'hygiène ; c'est là pour nous une noble tâche, dont nous trouvons la récompense dans notre cœur.

Bains chez les anciens.

Les premiers hommes ont senti la nécessité des bains ; c'est un besoin qu'écoutent les animaux eux-mêmes ; car Dieu nous a donné des instincts qui nous dirigent d'une manière infaillible vers tout ce qui peut tendre à notre conservation, et il a fait que la satisfaction de chaque instinct fût pour nous un plaisir. Il est probable que chacun alla d'abord se baigner dans les ruisseaux ou les rivières voisines de son habitation ; plus tard, lorsque les arts eurent fait des progrès, on construisit des tuyaux pour amener l'eau chez soi, ou bien on la transporta et on la fit chauffer afin de pouvoir user du bain lorsque la température extérieure était trop basse pour qu'on pût se baigner en plein air. On trouva des sources d'eau chaude, et le hasard fit qu'on s'aperçut de leur action curative contre certaines maladies. Aussi les anciens regardaient-ils comme sacrées toutes les sources d'eaux thermales. Les Grecs et les Romains, chez qui la force physique était en si grand honneur, étudiaient et observaient bien plus que nous toutes les règles de l'hygiène ; ils avaient reconnu l'importance que pouvait avoir pour la santé l'usage bien entendu des bains, et ils firent construire pour cet usage des monuments d'une somptuosité et d'une grandeur dont nous pouvons encore admirer quelques débris. Chaque particulier aisé avait toujours dans une partie de sa maison plusieurs chambres disposées pour prendre des bains et pour toutes les pratiques accessoires que l'on avait reconnues utiles à l'entretien de la santé et de la force physique. Pline (lib. ii, c. 1) dit que les Romains n'eurent pas d'autre médecine pendant six cents ans. On trouve dans Vitruve la description des bains chez les anciens. Il y avait plusieurs chambres pour cet usage, entremêlées à d'autres destinées aux exercices. La première était le bain d'eau froide, dans lequel on descendait par des escaliers en pierre; la seconde était destinée à se frotter d'huile, elle était pourvue abondamment de tout ce qui pouvait servir à cet usage; la troisième était la chambre de rafraîchissement, la quatrième le vestibule du poêle, la cinquième l'étuve voûtée ou bain de vapeur, et la sixième était le bain d'eau chaude. Le bain d'eau froide, appelé piscine, parcequ'on y mettait des poissons, était quelquefois assez grand pour qu'on y pût nager : tel était celui de Pline et celui de Cicéron.

Dans l'*Antiquité expliquée* du P. Montfaucon, on trouve aussi la description d'un bain de vapeur à Rome. Chez les Grecs et chez les Romains, on se servait souvent, dans le bain chaud ou dans le bain froid, d'une espèce d'étrille ou de couteau courbe, avec lequel on grattait le corps pour enlever la poussière et les résidus de la sueur; puis on se frottait d'huile toute la surface de la peau. Les anciens, qui allaient nu-pieds et qui ne portaient pas de linge, avaient plus que nous besoin de s'astreindre à ces soins de propreté. Le vêtement qu'ils portaient ne protégeait pas leurs corps de la poussière qui entrait librement par les intervalles des gros plis. Leur garde-robe était ordinairement si mal montée, que l'histoire rapporte qu'Épaminondas restait chez lui pendant qu'on dégraissait son vêtement.

Mécène, favori d'Auguste, fit construire le premier bain public; on payait pour entrer un *quadrans*, le quart d'un *as* (un liard); et les bains restaient ouverts la nuit, pendant les chaleurs. Les hôtes et les étrangers y étaient admis gratuitement. Lorsque les empereurs voulaient flatter le peuple, ils rendaient l'entrée des bains gratuite pour un jour, et y allaient eux-mêmes pour se baigner avec la foule. D'abord les hommes et les femmes se baignaient ensemble dans ces bains publics; mais il y eut tant d'abus, que l'empereur Adrien fit cesser cet usage. Les femmes qui entraient dans les bains des hommes pouvaient alors être répudiées et condamnées à perdre leur dot, et les hommes qui s'introduisaient parmi les femmes étaient punis de mort. A cette époque, le luxe et le relâchement des mœurs conduisirent aussi à l'abus des bains; les historiens du temps rapportent que les empereurs Commode et Galien prenaient cinq à six bains par jour. Les grands de Rome les imitaient, et l'on passait ainsi des repas aux bains successivement, pendant toute la durée du jour.

Bains chez les modernes.

Chaque peuple a modifié la manière de prendre des bains, selon ses goûts, ses habitudes, ses préjugés. Nous allons les passer en revue rapidement.

Bains russes. — Les bains d'eau chaude n'agissent pas assez sur la peau pour pouvoir entrer dans les habitudes des peuples du Nord. En Russie, les bains sont des cabanes en bois, dans lesquelles sont disposés des gradins; au bas de cette salle est un foyer de cailloux rougis continuellement par le feu d'un réchaud placé en dessous; on jette de temps à autre de l'eau sur les cailloux rougis, et l'eau se vaporise rapidement. Au sortir de cette étuve, les Russes se font sur le corps des ablutions d'eau froide, puis se font masser et frictionner. Quelques hommes robustes se roulent dans la neige et boivent un verre ou deux d'eau-de-vie de grain avec de la menthe. Lorsqu'on sort d'un bain de vapeur, on ne sent pas de quelques instants l'impression du froid, même le plus intense, et l'eau-de-vie que les serfs boivent après s'être frottés de neige agit encore de manière à empêcher la répercussion de la sueur. Aussi les seigneurs russes qui, après le bain de vapeur, boivent du vin de Champagne ou de la limonade, tombent plus souvent malades que les paysans. On emploie encore, à la suite de ces bains, des frictions avec de l'eau de savon ; on frappe légèrement tout le corps avec une poignée de petites branches de bouleau, et l'on frictionne fortement la peau avec l'extrémité de ces verges ; il est vrai que le bouleau dont on se sert est alors sensiblement ramolli par l'action de l'eau chaude. Les Russes font un si fréquent usage de ces bains et croient tellement à leur toute-puissance, qu'ils y font aller leurs femmes aussitôt après leurs couches.

Bains de Finlande. — Les Finlandais usent encore plus des bains de vapeur que les Russent; ils s'y rendent environ tous les deux jours. Leurs constructions sont aussi grossières que celles des Russes; seulement ils prennent très souvent des bains d'étuves sèches; ce sont des chambres bien calfeutrées, comme les étuves de vapeur, chauffées à l'aide d'une espèce de gros pôéle, et dans lesquelles on se réunit en grand nombre pour suer. Ils croient tellement aussi à la puissance de ces sueurs excessives pour prévenir toutes les maladies, qu'ils y transportent les accouchées et les nouveau-nés. La plupart des enfants s'y évanouissent, et beaucoup y meurent. On dit que leurs étuves de vapeur sont habituellement à la température de 45 à 50° centigrades, et leurs étuves sèches de 60 à 75° centigrades, ce qui est énorme; ceux qui en abusent finissent par ne pouvoir suer dans l'étuve humide qu'à 62° centigrades.

Bains égyptiens. — Les bains des Égyptiens sont disposés en plusieurs chambres diversement chauffées. Le baigneur est couché sur un drap étendu, dans une atmosphère de vapeur d'eau mêlée de parfums que l'on brûle continuellement; ensuite les esclaves vous massent et font craquer toutes les articulations. Ils mettent un gant d'étoffe et frottent l'épiderme, puis versent sur la tête de l'écume de savon parfumé. On se frotte avec de l'eau chaude ou froide, selon son désir; l'esclave applique la pommade épilatoire, qu'ils appellent *rusma*, et vous enveloppe de linges chauds.

On se couche alors, l'esclave vous essuie, gratte les calus des pieds, et apporte la pipe et le café.

Les Égyptiennes y restent presque tout le jour; elles en prennent au moins une fois par semaine, et ce jour-là est pour elles un jour de fête; elles s'y rendent en habits magnifiques. Lorsqu'elles sont dans la salle de bains, elles se peignent et répandent des essences sur leurs cheveux. Elles se teignent les paupières d'une bordure de noir, les ongles des mains et des pieds d'une couleur orange avec le *henné;* puis on parfume leurs habits en brûlant du bois d'aloès.

1.

Bains turcs. — Les bains turcs sont les mêmes que les bains égyptiens, si ce n'est qu'il y a moins de recherche qu'au grand Caire. Dans les bains de vapeur publics, on se couvre d'une espèce de tunique de coton bleu ou rouge, et l'on se chausse de galoches de bois ; on reste au bain une demi-heure en hiver, et un quart d'heure en été ; lorsqu'on sue, on se fait frotter avec du camelot, après quoi on passe sur tout le corps une terre argileuse ou du savon. Outre les bains de vapeur, les musulmans se lavent très souvent. Mahomet, de même que Moïse et tous les grands législateurs, a fait des règles religieuses de pratiques hygiéniques. Il leur ordonne de se laver le visage, le cou, les mains et les pieds avant chaque prière, et ils font cinq prières par jour. Il prescrit aussi un bain après le coït, et un bain après les règles.

Bains indiens. — Les bains indiens à Surate sont composés de trois salles. Dans la première, on se déshabille, dans la seconde, on s'étend sur une planche ; là un esclave vous asperge d'eau chaude et vous masse. Il s'agenouille sur les reins, fait craquer les articulations de l'épine dorsale, vous frappe et presse les muscles; il frictionne tout le corps avec un gant de crin, lime avec une pierre-poncé les corps et les durillons des pieds; fait des onctions avec des savons et des essences, et épile ou rase les portions du système pileux que la mode sacrifie dans ce pays. Après toutes ces cérémonies, on passe dans la troisième chambre, et l'on reste deux heures étendu sur un canapé pour fumer. Les femmes indiennes aiment tellement à se faire masser, que beaucoup d'entre elles passent les journées entières à se soumettre à cette opération.

CHAPITRE II.

Usage des Bains en général.

Les personnes qui font habituellement et modérément usage de bains sont bien moins sujettes aux maladies de la peau que les autres. Dans certaines professions surtout, ils sont tout-à-fait indispensables. Telles sont celles qui forcent à vivre dans une atmosphère de poussières métalliques ou autres. Le séjour de ces substances sur la peau non-seulement nuit à la régularité de la transpiration, mais encore peut faciliter leur absorption, et par-là causer de graves maladies. Ainsi la colique de cuivre et celle de plomb sont très rares chez les ouvriers propres. Les teinturiers et les hommes qui travaillent au milieu de miasmes fétides doivent également s'astreindre à une propreté minutieuse. Enfin toutes les personnes qu'une vie sédentaire soustrait à l'influence du grand air et de la lumière (et la plupart des habitants des villes sont dans ce cas), trouveront un grand avantage à user des lotions et des bains. La malpropreté de la peau donne lieu à des démangeaisons, à des dartres, et devient la cause d'émanations odorantes désagréables. On doit surtout surveiller les parties du corps qui sont le siége d'une sécrétion particulière, afin que ces matières ne s'y accumulent pas en se desséchant; tels sont le bord des paupières, l'oreille, les aisselles, le nombril, les organes de la génération; il peut en résulter des incommodités et quelquefois des maladies graves.

En général, la malpropreté nuit à l'accom-

plissement des fonctions de la peau, et prédispose ainsi à des congestions internes. La
propreté est donc un moyen hygiénique puissant. Chez les habitants des villes, elle remplace jusqu'à un certain point l'exercice dans
un air pur et à la lumière. Elle leur est plus
nécessaire qu'aux habitants des campagnes.
Les vieillards, les enfants, les adolescents, les
personnes faibles, en ont plus besoin que les
adultes robustes. Outre ses applications comme
concourant à l'entretien de la propreté de la
peau, le bain peut, dans certains cas, prévenir des maladies imminentes. Ainsi, après des
veilles, des fatigues, ou à la suite de l'exposi-
tion à la pluie ou à l'humidité, un bain tiède
calmera l'irritation générale dans le premier
cas, et dans le second cas rappellera la transpiration presque disparue. Dans l'été, la peau
devient le siége de sueurs considérables, de
démangeaisons et d'éruptions incommodes; le
bain froid sera très propre à enlever cette sur-
exitation de l'organe cutané. Dans les contrées
du Nord, ou dans les hivers rigoureux, l'action du froid tend à diminuer les fonctions de
la peau et se fait sentir d'une manière désa-

gréable à sa surface. C'est alors seulement que l'usage des bains chauds et très chauds, et des bains de vapeurs, aidé par des frictions, des flagellations, devient un excellent moyen pour lui donner la force nécessaire afin qu'elle puisse exécuter ses fonctions. Au reste, les détails dans lesquels nous allons entrer sur chaque espèce de bains indiqueront avec précision les cas dans lesquels ils sont applicables.

On donne des bains entiers, dans lesquels tout le corps plonge hormis la tête, des demi-bains pour la moitié inférieure du corps, des bains de pieds, des bains de mains, des bains de tête, des bains de siége, etc. Nous parlerons de leur usage à toutes les températures et avec toutes les modifications de composition que l'usage a consacrées. Nous diviserons les bains d'après la consistance des matières qui les composent, en bains *liquides*, bains *mous*, bains *secs* ou pulvérulents, et bains *gazeux*.

CHAPITRE III.

Bains liquides.

(Eau simple.)

Les bains liquides se prennent ordinairement dans une baignoire. Les baignoires en sabot ont un seul avantage, celui d'employer une quantité d'eau moins grande, et de maintenir l'eau plus longtemps chaude, en diminuant la surface d'évaporation. Mais il est quelquefois bien difficile de se servir de ces baignoires, quand les malades sont très faibles. Lorsqu'on se baigne dans une baignoire publique, il faut veiller avec le plus grand soin à ce qu'il ne reste pas sur les parois des saletés qui couvraient le corps des baigneurs précédents. L'omission de cette précaution a souvent été cause que l'on a contracté des maladies contagieuses; aussi quelques personnes

se baignent-elles toujours dans un drap qui se
trouve alors seul en contact avec le fond et les
parois de la baignoire.

Pour pouvoir apprécier les effets des bains
à différentes températures, on a adopté un
terme moyen exprimé par un dégré du thermomètre; mais le thermomètre le plus sûr es
la sensation. Ainsi, tel bain qui paraîtra chaud
à un homme robuste, ne sera que tiède pour
une femme nerveuse, et ainsi de suite.

L'eau en mouvement met en contact avec la
peau, dans un temps donné, un plus grand
nombre de molécules; il s'en suit que, si l'eau
paraît chaude étant calme, elle paraît en
core plus chaude étant agitée; de même, si
elle paraît froide étant en repos, elle semble
plus froide encore si elle est mise en mouvement. Pour établir une division thermomé-
trique parmi les bains, nous ne parlons que des
bains d'eau calme, pris dans une baignoire; on
remarque que, dans un bain au-dessous de 34°
centigrades, le nombre de pulsations du pouls
diminue; il augmente au contraire lorsque la
chaleur s'élève à plus de 34°. En nous servant
de ce point de départ pour établir la classifi

cation des bains, nous appellerons *bains chauds* ceux dont la température est au-dessus de 34° centigrades ; *bains tièdes* ceux dont la température est au-dessous, sans produire la sensation du froid, tels sont ceux de 25 à 30° ; *bains frais* ceux qui ne font éprouver qu'une impression légère de froid, tels que de 20 à 25° ; et *bains froids* tous ceux qui ont moins de 20°.

Bains chauds.

(Au-dessus de 34° centigrades.)

Ils ne doivent jamais être pris sans l'avis d'un médecin ; ils peuvent devenir funestes dans baucoup de cas, surtout en été. Ils sont surtout contraires aux personnes qui ont la figure colorée, chez lesquels le sang se porte toujours à la tête, à celles qui ont une maladie de cœur, ou de poitrine, à ceux qui crachent le sang, aux hémorrhoïdaires. Lorsqu'on se plonge dans un bain au-dessus de 34°, la respiration et la circulation s'accélèrent ; la peau rougit, les veines superficielles se gonflent, le volume du corps paraît augmenter. La tête est lourde, et la tendance au sommeil très prononcée. Bientôt la face et la tête se couvrent de sueur, qui ruisselle avec une très grande abondance. Les bains chauds diminuent l'appétit et les forces musculaires; mais ils augmentent la circulation, la chaleur animale, et excitent les fonctions de la peau. Lorsqu'on sort d'un bain semblable, le poids du corps a diminué selon le temps qu'on y est resté, tant la transpiration est grande. Lemonnier, après 8 minutes seulement de séjour dans un bain à 45° centigrades, se pesa et vit qu'il avait perdu 620 grammes (20 onces) de son poids. M. Londe a pu supporter, pendant quelques instants, un bain à 44° 75/100; puis, après s'être fait une forte saignée, il éleva l'eau jusqu'à 48°; mais à cette température le bain pouvait devenir très dangereux, et il fallait avoir un ardent amour de la science pour se soumettre à une expérience semblable. Lorsqu'on entre dans un bain très chaud, en même temps qu'on éprouve une sensation de chaleur, la peau se resserre, et il se manifeste un frisson tel que celui que cause le froid. La bouche devient pâteuse, la soif ardente, la tête s'allourdit, il survient de l'oppression, des palpitations, des vertiges, un évanouissement, et souvent une attaque d'apoplexie.

Pour éviter ce danger, il est bon de se faire verser de temps à autre de l'eau froide sur la tête ; d'ailleurs, lorsqu'un médecin ordonne un bain très chaud, c'est toujours un bain de quelques minutes, un quart d'heure au plus. Lorsqu'on sort d'un bain semblable, la chaleur animale est tellement développée, qu'on ne ressent pas un froid même assez intense, et qu'on peut sans crainte se laver avec de l'eau fraîche, mais pendant assez peu de temps pour ne pas arrêter brusquement le développement de la chaleur. L'action stimulante de ces bains peut rendre à l'état aigu des inflammations passées à l'état chronique depuis longtemps. Ils sont souvent utiles pour rappeler une éruption, dont la disparition fait craindre des accidents ; mais alors le bain doit être très court, et souvent même les médecins se bornent-ils alors à de simples lotions d'eau très chaude sur toute la surface du corps.

Le bain chaud fatigue beaucoup, et est suivi souvent d'une espèce de courbature.

On chauffe les bains de différentes manières.

Dans les établissements publics l'eau est chauffée dans une vaste chaudière d'où partent des conduits qui la portent à toutes les baignoires. Mais, chez les particuliers, on fait usage d'un cylindre rempli de charbons allumés, dont la combustion est entretenue par des tuyaux latéraux qui dirigent sur eux un courant d'air continuel. Lorsqu'on se sert de ce procédé de chauffage, il faut avoir soin de tenir les portes et les fenêtres continuellement ouvertes, afin d'éviter l'accumulation du gaz acide-carbonique dans les parties inférieures de la chambre, ce qui pourrait devenir une cause d'asphyxie. Il faut prendre les mêmes précautions toutes les fois que le combustible est du charbon, quel que soit l'appareil de chauffage dont on se serve.

Bains tièdes.

(De 25 à 30° centigrades.)

Les bains tièdes sont ceux qu'on emploie le plus généralement ; la température de 25° à 30° est en effet la plus convenable pour les bains de propreté et pour toutes les petites indispositions passagères. Son action la plus marquée se fait sentir sur la circulation ; dans le bain tiède le pouls se ralentit d'une manière notable, surtout lorsqu'une petite irritation quelconque l'a rendu plus fréquent. Il assouplit la peau, repose les membres, calme les sens et les fonctions du cerveau ; l'épiderme détrempé, ramolli par le contact prolongé de l'eau tiède, ne protège plus autant les papilles nerveuses, et la sensibilité de la peau augmente pour quelque temps ; aussi faut-il alors la garantir soigneusement de l'air froid ; lorsqu'on est dans un bain tiède, il faut avoir soin de ne pas changer de position à chaque instant ; il faut que le corps plonge dans l'eau jusqu'au cou, et ne pas exposer les épaules à l'air lorsqu'elles ont été mouillées, parceque l'évaporation de l'eau chaude les refroidirait rapidement et pourrait causer un rhume. Un bain tiède doit ordinairement durer trois quarts d'heure. Lorsqu'on en sort, il faut s'essuyer rapidement et avec soin à l'aide de linges secs et chauds, et, si l'on éprouve un frissonnement, frotter un peu rudement la peau avec les linges, afin de rappeler la chaleur à la surface. Le bain tiède convient dans les constipations qui ne dépendent pas de l'atonie des intestins ; dans les fièvres éphémères causées par la fatigue, les émotions violentes, une petite indigestion ; il diminue la sécheresse de la peau, et calme les maladies nerveuses ; mais seulement avant ou immédiatement après les crises.

L'abus des bains tièdes rend la peau flasque et pâle, prédispose aux maladies lymphatiques et aux maladies nerveuses, et peut détériorer tout-à-fait la santé. Il ne faut jamais prendre des bains fréquents sans l'avis de son médecin ; les femmes pâles et faibles n'en ont besoin que d'un par mois.

Si l'on reste quelque temps dans l'eau tiède, la peau en absorbe une grande quantité, et quoiqu'on urine plusieurs fois pendant une heure, souvent on se trouve, après le bain, d'un kilogramme et demi plus lourd qu'avant.

Les personnes nerveuses ont ordinairement la mauvaise habitude de prendre les bains trop chauds. En général, on doit en faire baisser la température lorsque les joues sont plus colorées que d'habitude, et il faut en sortir (si le médecin a conseillé un bain tiède) aussitôt que l'on sent des battements artériels dans les tempes. Il y a beaucoup de cas dans lesquels un bain trop chaud, de même qu'un bain trop froid, peut devenir fort dangereux; il faut lire ce qui se trouve à l'article *bains chauds* et à l'article *bains froids,* pour bien se rendre compte de leurs effets.

Il existe des personnes qui ne peuvent pas entrer dans un bain chaud sans éprouver une oppression tellement forte, qu'elles sont obligées d'y renoncer. Tout le monde éprouve plus ou moins cette gêne causée par la pression de l'eau et sa pesanteur bien plus grande que celle de l'air; mais lorsque cette sensation est par trop douloureuse, il faut se résigner à ne faire usage que de demi-bains dans lesquels l'eau arrive tout au plus au creux de l'estomac.

Demi-Bains.

Il est fort difficile de prendre ces bains sans s'enrhumer; aussi l'on y a renoncé généralement.

Bains de pieds.

Les bains de pieds se prennent plus chauds que les bains de corps, lorsqu'on se sert d'eau pure ; mais alors ils sont excitants et produisent en petit tous les effets du bain chaud ; on y reste à peine cinq minutes. Lorsque au contraire on veut produire un effet dérivatif dans un mal de tête passager, dans une oppression sans fièvre, dans des maux d'yeux, d'oreilles, ou pour provoquer la menstruation, il vaut mieux se servir d'eau de cendres, ou d'eau de savon, ou d'eau salée, ou d'eau sinapisée (moutarde), parcequ'alors on fait usage d'eau tiède, et l'on peut attirer le sang dans les jambes sans produire une réaction générale. On reste dans ces bains-là pendant un quart-d'heure ou une demi-heure, lorsqu'ils ne sont pas trop forts. On fera bien, pour augmenter les effets du bain de pied, de lier les jambes au-dessus du mollet, afin de maintenir le sang dans les parties inférieures.

Bains de mains.

On prend aussi des bains de mains dans

plusieurs circonstances. Ils ont surtout une influence très grande dans les maladies de poitrine, dans les maux de gorge, les maux de tête, d'oreilles, et dans la suffocation asthmatique. Ce que je viens de dire de la température et de la composition des bains de pieds s'applique aussi aux bains de mains. On les emploie encore dans les panaris et dans toutes les maladies du bras et de la main, dans lesquelles les bains tièdes sont indiqués, mais alors on les donne souvent, de deux ou trois heures, et même de dix heures, comme les grands bains tièdes dans les inflammations intestinales graves. On se sert pour ces bains de vases longs et étroits, dans lesquels le bras puisse s'étendre, à partir du coude, dans toute sa longueur.

Bains de siége.

Le bain de siége se prend dans des baignoires rondes dans lesquelles le siége seulement et une partie du ventre se trouvent en contact avec l'eau. Ils conviennent dans les coliques intestinales, les inflammations internes, des reins, de la vessie, du rectum ; dans les mala-

dies des femmes; enfin, dans tous les cas où
le bain tiède est nécessaire, et lorsqu'on craint
de trop affaiblir en administrant souvent des
grands bains. Il faut prendre les plus grandes
précautions pour ne pas s'enrhumer dans un
bain de siége, parceque les linges dont on
entoure les épaules nues du malade peuvent
se mouiller et se refroidir sur la peau. L'a-
bus des bains de siége a les mêmes inconvénients que l'abus des grands bains tièdes;
mais ses effets nuisibles ne se font sentir que
dans les parties qui se trouvent en contact
avec l'eau. Chez les femmes, ils causent souvent des pesanteurs dans le bas-ventre et des
tiraillements dans les reins, et quelquefois un
abaissement ou même une chute complète de
l'utérus.

Le bain de siége chaud (au-dessus de 34°
centigrades) produit localement ce que le
grand bain chaud produit sur tout le corps.
On s'en sert souvent pour faire paraître les
règles chez les jeunes filles ou chez les femmes
qui éprouvent un retard dans l'accomplisse-
ment de cette fonction.

Le bain de siége frais, de 20 à 25° centigrades, convient aussi dans quelques cas, pour calmer, par exemple, les démangeaisons qu'on éprouve dans certaines maladies; il peut agir comme tonique chez les personnes faibles; je renvoie à ce que je dis plus bas du bain frais en général pour en faire connaître les effets. Du reste, il ne faut jamais en prendre sans l'avis de son médecin.

Le bain de siége froid, au-dessous de 20°, a pu dans quelques cas, dirigé par une main habile, faire paraître la menstruation chez des jeunes filles mal réglées; il agit alors par la réaction de chaleur qui suit ordinairement une sensation de froid. Mais, mal employé, il peut être fort dangereux.

Bains frais.

(De 20 à 25° centigrades.)

Le bain frais peut agir à la manière des bains tièdes chez les hommes sanguins et robustes, tandis que chez la plupart des individus, surtout parmi les habitants des grandes villes, il devient un tonique excellent. C'est là la température que doivent toujours choisir, pour se livrer à la natation, les enfants, les femmes et les hommes qu'une vie sédentaire a rendus incapables d'une forte réaction. Malheureusement l'eau des rivières a le plus souvent une température inférieure à celle-là.

Le bain frais produit d'abord un frisson passager; la circulation se ralentit, un refroidissement s'opère, mais il n'a rien de pénible. Après ce bain, on se sent plus de force, de gaîté; l'appétit est plus vif, la digestion plus facile.

De tous les bains de rivière, c'est la température que l'on peut supporter le plus longtemps sans inconvénient; lorsqu'on ne fait aucun mouvement, il ne faut pas qu'il dure au-delà de dix minutes; mais on peut le répéter plusieurs fois dans la journée. Pour en éprouver tous les bons effets, il faut s'y livrer à l'exercice de la natation.

Tout le monde a remarqué que les marins et les pêcheurs avaient la peau bien plus basanée que les paysans qui travaillent à la terre, quoique ceux-ci soient plus souvent exposés au soleil. C'est que les rayons solaires agissent doublement sur la peau des marins; di-

rectement d'abord, puis après avoir été réflé-
chis par l'eau. Cela explique la facilité avec
laquelle les nageurs sont atteints de coups de
soleil. Ces érysipèles peuvent devenir graves
lorsqu'ils se développent sur la tête; aussi
conseille-t-on aux nageurs de ne pas rester
trop longtemps au soleil sans plonger.

Bains froids.

(Au-dessous de 20° centigrades.)

Tout ce que nous allons dire du bain froid
est relatif à la constitution du baigneur; ainsi
un homme valétudinaire éprouvera tous ces
symptômes à 20°, tandis qu'un individu san-
guin ne les ressentira qu'à 10°.

Lorsqu'on se plonge dans un bain froid, il
y a d'abord frisson; les papilles de la peau deviennent apparentes; il se produit ce qu'on
appelle *la chair de poule*. La respiration se
précipite; un instant après, chez les hommes
vigoureux, la peau rougit, la circulation s'active, il y a fréquence du pouls; mais le senti-
ment du froid reparaît bientôt, moindre que
la première fois; le pouls se ralentit, la peau
pâlit, les vaisseaux superficiels disparaissent,

la transpiration diminue : de là l'augmenta-
tion de la sécrétion urinaire ; le corps perd de
son volume, il survient de l'engourdissement,
des crampes, des douleurs de tête. Lorsqu'on
en sort, tous les phénomènes changent, la
peau rougit et devient brûlante, il y a senti-
ment de chaleur et de force ; la circulation
s'accélère. Il agit alors comme tonique. Chez
les individus faibles, au contraire, les douleurs de tête et la sécheresse de la peau per-
sistent encore longtemps, et ce n'est que quelques heures après, qu'un mouvement de fièvre parvient à rétablir l'équilibre de la chaleur;
c'est pour hâter cette réaction que l'on conseille aux personnes un peu faibles de faire
toujours de l'exercice après le bain froid, pour
qu'il ne puisse leur nuire. En général, il ne
convient pas aux individus débiles, aux enfants et aux vieillards. Chez les enfants, il
cause souvent des convulsions. On a beaucoup argué de l'exemple des sauvages, qui
plongent leurs enfants dans l'eau glacée, et
leur conservent, par ce moyen, une constitution vigoureuse. Mais les pratiques des sauvages ne conviennent pas toutes à l'homme

civilisé, qui a déjà subi l'influence de nombreuses causes destructives.

On a vu souvent le bain froid produire l'apoplexie chez des vieillards ou des individus pléthoriques. Enfin, il en résulte quelquefois des dérangements dans la digestion, des coliques, des hémorrhoïdes, la diarrhée. L'usage des bains froids est particulièrement redoutable pour les individus qui ont des maladies de poitrine (rhume, catarrhe, asthme, battements de cœur, anévrisme), pour ceux qui crachent le sang ou qui en rendent souvent par les selles, pour tous ceux qui ont des rhumatismes ou des dartres. Il faut toujours sortir du bain froid après le premier frisson, parceque si l'on attend le second, la réaction est bien plus difficile à obtenir.

Sanctorius a trouvé qu'après le bain froid on devient sensiblement plus léger; le corps diminue beaucoup de volume; ainsi les bagues étroites entrent alors très facilement dans les doigts, les traits sont tirés, il semble qu'on ait maigri.

On a beaucoup varié l'application de l'eau froide dans les maladies.

Bains d'affusion.

Ainsi, pour donner un bain d'affusion, on place le malade dans un bain tiède, et l'on verse sur la tête, ou sur toute autre partie malade, un ou plusieurs seaux d'eau froide. On a beaucoup vanté ce moyen contre les fièvres cérébrales, mais il est loin de réussir toujours.

Bains d'ondée (Showerbath.)
DOUCHES ÉCOSSAISES.

Le malade est enfermé dans une espèce de guérite fermée d'un rideau, au-dessus desquelles un réservoir, percé comme un crible, fait pleuvoir à volonté l'eau sur le corps du malade.

M. Chevalier, rue Montmartre, à Paris, a inventé un appareil très simple pour se donner soi-même ces bains d'ondée debout ou dans un bain tiède.

Bains d'immersion ou de surprise.

On place le malade dans un drap ou un filet en forme de hamac, et on le fait passer rapi-

dement en totalité ou sans plonger la tête,
dans de l'eau chaude ou froide, selon les cas.
On a beaucoup employé ces bains contre la
rage, les maladies nerveuses, la danse de
Saint-Guy, etc.

Douches froides.

Les douches froides agissent avec d'autant
plus de force que leur jet est plus gros, et la
force de projection plus grande; c'est un
moyen excitant qui, poussé trop loin, peut
devenir douloureux.

On nomme douche *descendante* le jet de
liquide qui tombe de haut en bas, douche *as-
cendante* le jet liquide qui se dirige de bas en
haut, et douche *latérale* celle qu'on dirige
plus ou moins horizontalement. On emploie
la première dans les maladies du cerveau, la
monomanie; la seconde dans les maladies des
femmes, celles de l'anus, du périnée, etc.;
et la dernière dans tous les cas où l'état du
malade, ou la position de l'organe affecté, ne
permet pas l'application des deux autres. La
douche momentanée est excitante, parceque

2.

la réaction la suit immédiatement. La douche prolongée est calmante, stupéfiante. On emploie très souvent les courants d'eau froide pour calmer la douleur et empêcher le développement inflammatoire dans les plaies graves de la tête ou des membres, dans les fractures où l'os est brisé en plusieurs endroits. C'est une des plus belles conquêtes de la chirurgie moderne; on a souvent conservé ainsi des membres qu'il aurait fallu, sans cela, nécessairement amputer. On emploie encore les courants d'eau froide sur les vastes brûlures. Pour appliquer ce moyen de traitement, on place près du malade un vase quelconque, troué au fond; par ce trou passe une corde lâchement roulée; cette corde sert à diriger sur la partie malade un courant d'eau continuel et régulier; du reste, on a soin de disposer du taffetas ciré qui protége le lit du malade et dirige le courant d'eau dans un vase inférieur.

On emploie les bains de pieds froids prolongés dans les entorses, immédiatement après l'accident. Ils causent souvent la diarrhée.

CHAPITRE IV.

Bains médicamenteux.

Bains d'eau de cire. — On employait autrefois et l'on vantait beaucoup, dans les rhumatismes anciens et les rétractions de muscles, des bains chauds d'eau qui avait servi à préparer la cire; on prenait ces bains au printemps.

Bains de tripes. — Ce sont des bains préparés avec des tripes ou intestins de bœuf ou de mouton bouillis dans une certaine quantité d'eau. Cette eau devient onctueuse et grasse au toucher, et conserve très longtemps sa chaleur; on les emploie surtout dans les rhumatismes chroniques, les maladies d'articulations; ils sont fort en usage dans le peuple, à cause de leur bas prix. Ils sont très efficaces.

Bains d'huile. — Les anciens employaient beaucoup plus souvent que nous les bains d'huile; parcequ'ils attribuaient à cette substance beaucoup de vertus auxquelles on ne croit plus maintenant. Cependant ces bains sont plus émollients que les bains d'eau simple; on les conseille quelquefois. Ils ne sont pas composés d'huile seulement, mais d'une certaine quantité qui surnage à la surface de l'eau.

Bains de lait. — Employés beaucoup autrefois comme accessoire de la toilette des dames, lorsqu'elles croyaient que la blancheur du lait pouvait se transmettre à la peau, maintenant on ne les emploie que comme émollients adoucissants, et quelquefois comme nutritifs, à la suite des maladies graves; la réparation des forces se fait alors en partie par la peau, et l'estomac se fatigue moins.

Bains de sang chaud. — On prend pour cela du sang de bœuf ou de tout autre animal, au moment où il vient d'être tué. Il est fort difficile de pouvoir se procurer une quantité de sang suffisante; aussi ne les ordonne-t-on que très rarement. J'ai vu plusieurs cas dans lesquels ils ont produit des effets surprenants. On les emploie surtout dans les convalescences difficiles et la faiblesse de constitution. Il paraît que l'odeur qu'il exhale agit beaucoup dans ce cas.

Bains de gélatine. — Préparés avec trois à quatre livres de gélatine sèche, on les emploie surtout dans quelques maladies chroniques de la peau, les maladies nerveuses et de langueur.

Bains d'herbes émollientes, de son. — On fait bouillir, dans un sac, une certaine quantité d'herbes émollientes (2 kil.) ou de son, puis on verse le tout dans une baignoire déjà remplie d'eau tiède ; on peut se dispenser de faire bouillir le son. Ces bains ont plus d'action que les bains tièdes ordinaires dans les maladies inflammatoires, quoi qu'en aient dit certains médecins.

Bains aromatiques. — Préparés avec deux livres de plantes aromatiques (sauge, thym, serpolet, hysope, menthe aquatique, origan, absinthe, ou toute autre plante odorante), sur lesquelles on verse douze litres d'eau bouillante, que l'on mêle ensuite à l'eau d'un bain, ces bains causent souvent des maux de tête, et ne conviennent que dans certains cas. On s'en sert souvent pour les pieds ou les mains seulement, dans les cas de douleurs rhumatismales ou névralgiques, sans symptômes inflammatoires. On les donne aussi en bain de siége, pour provoquer l'apparition des règles chez les jeunes filles pâles.

Bains acides. — Préparés avec une certaine quantité de vinaigre, d'acide sulfurique ou autre, plus ou moins, suivant les cas. S'ils durent peu de temps, et si la dose est forte, ils appellent fortement le sang à toute la surface de la peau. Si la dose est faible et le bain prolongé, toute la peau pâlit, et le sang se trouve refoulé à l'intérieur.

Bains alcalins et de cendres. — Préparés avec deux ou trois hectogrammes de sous-carbonate de soude ou de potasse, ou bien un et même deux kilogrammes de cendres. On les emploie dans les anciennes maladies de peau.

Le bain de pieds avec la cendre est d'un usage vulgaire, dans les maux de tête, d'yeux ou d'oreilles, et dans les retards de la menstruation.

Bains salés avec quatre livres de sel ; on cherche, avec cette dissolution, à simuler les bains de mer. On les prend chauds. Il agissent comme révulsifs.

Bains sinapisés. — Il est excessivement rare qu'on mêle de la farine de moutarde à l'eau d'un grand bain ; mais on le fait souvent pour les bains de pieds. Quelques personnes y ajoutent du vinaigre pour en augmenter l'action. C'est une erreur : la moutarde agit davantage sans vinaigre.

Bains spiritueux. — On mêle du vin, de l'esprit-de-vin, de l'eau-de-vie ou du rhum dans l'eau du bain. On les administre aux enfants rachitiques ou scrophuleux ; on les emploie aussi contre l'infiltration, la paralysie, les rhumatismes, etc.

Ce sont surtout les bains avec du rhum ou du tafia qu'on emploie dans les colonies. On sait enfin l'usage que l'on fait quelquefois dans des cas analogues des *bains de cuve,* c'est-à-dire pris dans le moût de raisin en fermentation, des *bains de foule* des chapeliers, chargés de principes alcooliques.

Il serait impossible de parler de tous les bains médicamenteux, puisqu'on peut faire dissoudre dans l'eau du bain tous les médicamens solubles ; mais j'ai nommé les plus usuels. Le médecin seul doit ordonner les bains mé-

dicamenteux, parcequ'ils sont ou très avantageux, ou très dangereux, selon les cas auxquels
on les applique.

CHAPITRE V.

Eaux minérales en général.

Les anciens regardaient les eaux minérales
comme sacrées : la température élevée de
quelques-unes, les phénomènes de bouillon-
nement dans les temps d'orage, leur inter-
mittence dans quelques localités, et surtout
les cures remarquables qu'on les voyait opérer, tout était fait pour leur paraître surnatu-
rel. Maintenant les progrès des sciences sont
venus expliquer la plupart des phénomènes
étranges qui signalaient ces eaux à l'attention
publique, et l'on a mieux déterminé les cas
dans lesquels elles conviennent, et ceux dans
lesquels elles peuvent nuire. Les eaux minérales ont eu beaucoup de détracteurs dans ces
derniers temps, par suite des raisonnements
d'un fameux système de médecine. Mais les
faits étaient là, et les raisonnements n'ont con-

vaincu personne. On s'était efforcé d'abord de
restreindre beaucoup les cas dans lesquels on
pouvait employer les eaux minérales sans
craindre l'irritation, l'inflammation, et tant
d'autres croque-mitaines de ce genre ; puis on
avait annoncé l'égalité et même la supériorité
des eaux minérales factices sur les eaux naturelles. Tout le monde est revenu maintenant
de toutes ces exagérations. Il est certain que le
changement d'air, les distractions, l'exactitude
avec laquelle on suit un traitement aux eaux,
la confiance avec laquelle on les prend, l'ou-
bli des affaires et mille autres circonstances
viennent y joindre leur action bienfaisante ;
mais il est certain aussi qu'on guérit tous les
jours, aux eaux, des maladies qui auraient
été tout-à-fait incurables autrement. Les eaux
minérales exaspèrent ordinairement les maladies aiguës ; et même, dans les maladies chroniques, il faut toujours suivre les avis d'un
médecin habitué à les administrer, parcequ'il
y a mille petites circonstances qu'il faut connaître. Chaque établissementa son code, fruit
du temps et de l'expérience ; il faut lui obéir,
pour obtenir les effets les plus avantageux.

Ainsi, en général, on cherche à graduer leur action; s'il existe plusieurs sources variées de force, on commence par les plus faibles; on fait aussi boire l'eau d'abord avant de l'employer en bain. Quand l'estomac est susceptible, on les fait précéder de quelques adoucissants, eau de veau, de poulet, de gomme, petit-lait, ou bien on les coupe avec la moitié ou le quart de ces boissons. De temps à autre on en suspend l'usage, afin d'éviter que l'habitude n'empêche leurs effets de se produire. Autrefois on ne prenait jamais les eaux pendant les jours caniculaires : on a reconnu qu'elles agissaient aussi bien à cette époque, et on les prend sans interruption. Le régime à suivre doit être approprié à la nature de la maladie. En général, il ne doit pas être trop sévère, mais bien réglé; il arrive souvent que l'amélioration obtenue aux eaux se continue lors même qu'on les a quittées, et ce n'est quelquefois qu'au bout de plusieurs mois qu'on est revenu tout-à-fait à la santé.

Eaux minérales artificielles.

Les eaux minérales artificielles remplacent

quelquefois, même avec avantage, les eaux naturelles; ainsi les eaux purgatives, telles que celles de Sedlitz, d'Epsum, d'Égra, de Seidchutz; les eaux sulfureuses de Baréges artificielles, etc., parcequ'il est facile de graduer la dose de la substance active selon le tempérament et la maladie. En outre, leur prix est moins élevé. Aussi ceux qui les premiers essayèrent d'imiter les eaux thermales méritèrent bien de l'humanité. Mais lorsqu'on attend des eaux une action plus complexe que celle d'un purgatif seulement, ou celle de l'acide carbonique ou du soufre, on ne peut plus compter sur leurs effets pour remplacer les eaux naturelles. Chaque chimiste trouve des quantités différentes de substance active; ainsi la fabrication n'est jamais uniforme. Il est certaines substances telles que la barégine que l'art ne peut pas imiter. Tous les jours on y découvre des substances dont on ignorait la présence; les eaux minérales contiennent certains corps en plus grande quantité qu'on ne pourrait en dissoudre artificiellement; d'autres, que la théorie démontre comme incompatibles, y sont réunis. Les eaux acidules naturelles retiennent bien plus facilement et plus abondamment leur gaz que les eaux factices ; elles passent plus facilement sans causer les gonflements d'estomac, les éructations qui accompagnent fréquemment l'usage des autres, etc., etc.

Il serait absurde de rejeter entièrement l'usage des eaux artificielles, mais elles ne sont guère applicables que dans les cas dans lesquels on ne peut pas user des eaux naturelles, sauf certaines exceptions déterminées par les médecins, dans lesquelles l'eau factice est préférable.

Classification. — On divise ordinairement les eaux minérales en eaux *sulfureuses*, eaux *acidules*, eaux *ferrugineuses*, et eaux *salines*, d'après la substance qui prédomine dans leur composition. Cette division n'est pas absolument exacte, parcequ'il y en a plusieurs qui pourraient se ranger indifféremment dans l'une ou l'autre de ces classes, mais elle est commode pour étudier leurs propriétés générales. Chacune de ces classes se subdivise ensuite en eaux *thermales* (chaudes) et en eaux *froides*.

CHAPITRE VI.

Eaux sulfureuses.

Les eaux sulfureuses, surtout celles qui sont chaudes et qui contiennent de l'iode, agissent principalement sur la peau et le système lymphatique; elles provoquent la transpiration et sont en partie excrétées par cette voie, puisque ceux qui en usent exhalent une odeur sulfureuse. On les conseille généralement contre les maladies de la peau, les scrofules, les maladies de poitrine, les diverses paralysies, les rhumatismes, les maladies d'articulations, les contractures, les ulcères, les écoulements, etc.

Eaux thermales.

Baréges (Hautes-Pyrénées). — La saison des eaux dure du 1er juin au 15 septembre. Température de l'eau, 42° centigrades. Bains et douches; elles sont contraires aux personnes sanguines et apoplectiques. Elles contiennent environ 4 centigr. de sulfure de sodium par litre. Très fréquentées. Médecins inspecteurs : MM. Sulpici et Balencie.

Eaux chaudes (Basses-Pyrénées). — Du 1er juillet au 1er novembre. Température 35° centigr., 2 centigrammes de sulfure de sodium par litre. Boisson, douches, bains, maladies de foie et de la rate, et des intestins, l'hypocondrie, les pâles couleurs. Médecins inspecteurs : MM. Samonzet et Lafond.

Luchon ou *Bagnères de Luchon* (Haute-Garonne). — Saison depuis la fin de mai jusqu'au mois d'octobre. Température variant de 17° à 56° centigrades dans les différentes sources; 8 centigr. de sulfure de sodium par litre. On les emploie en boisson, bains entiers, demi-bains et fomentations. Elles sont très énergiques et doivent être employées avec prudence. Il faut les prendre à la source. Elles s'altèrent beaucoup par le transport. Médecin inspecteur : M. Barrié.

Lucques (Italie), à trois lieues de Florence. — Vantées par Montaigne. Température de 37° à 50° centigrades, bains, lotions, douches, boisson, etc.

Saint-Sauveur (Hautes-Pyrénées).—Saison du 1er juillet au 1er novembre. Température 35º cent. 2 centigr. de sulfure de sodium par litre. Douches, et quelquefois en boisson; elles conviennent surtout dans les maladies nerveuses. Médecin inspecteur : M. Fabas.

Aix en Savoie, à trois lieues et demie de Chambéry. — Saison du 15 mai au 15 septembre. Température 45º cent; elle contient le tiers de son volume d'acide hydrosulfurique. Bains, natation, douches écossaisses, bains en pluie. Médecin : M. Despine.

Eaux-Bonnes (Basses-Pyrénées). — Depuis la fin de mai jusqu'au 15 septembre. Température 33º centigrades, 2 centigr. et demi de sulfure de sodium par litre. En boisson; rarement des bains ou des douches. Elles se décomposent facilement et ne peuvent guère être prises qu'à la source. Elles conviennent surtout aux constitutions faibles ; dans les phthisies et les catarrhes pulmonaires, les ulcères anciens. Médecin inspecteur : M. Darralde.

Louèche ou *Leuk*, dans le Valais, sur la rive droite du Rhône. — Température de 30º à

50° centigr. Bains progressifs jusqu'à huit heures par jour. Rhumatismes, flueurs blanches, scrofules, maladies de peau, etc. La saison dure depuis le commencement de juin jusqu'à la fin d'août; l'air y est froid, et nécessite l'usage de la flanelle sur la peau.

Ax (Ariége). — Du 1er mai au 1er octobre. Température de 45 à 75° centigr.; 1 centigr. de sulfure de sodium par litre. Rhumatismes, ulcères, suite de couches; boisson, bains. Médecin inspecteur: M. Astrié.

Cauterets (Hautes-Pyrénées). — Du mois de juin au 1er octobre. Température 48° centigr.; 2 centigrammes de sulfure de sodium par litre. Pâles couleurs, gastrites chroniques, rhumes anciens; on y envoie de Tarbes les chevaux poussifs, ils y guérissent en vingt à trente jours. Médecin inspecteur : M. Buron.

Schinznach (Suisse), canton d'Argovie. — Du 15 mai au 15 septembre. Température, 31° cent., contient le quart de son volume d'acide sulfurique. Les suivantes sont moins connues.

Escaldas (Pyrénées-Orientales). — Du 1er juin au 15 septembre. Température 42° C.;

contient 3 centigr. de sulfure de sodium par litre. Bains.

Molitg (Pyrénées-Orientales). — Du 15 juillet au 15 septembre (37° centigr.). Sulfure de sodium, 5 centigr. par litre.

Vernet (Pyrénées-Orientales). — 47° centig. Sulfure de sodium, 6 centigr. par litre.

Vinça (Pyrénées-Orientales). — Température, 23° centigr. Sulfure de sodium 2 centigr. par litre.

Thuez (Pyrénées-Orientales). — Température, 45° centigr. Sulfure de sodium et sel marin.

Bains-près-Arles (Pyrénées-Orientales). — Du 15 mai au 15 octobre. Température, 43° centigr. Sulfure de sodium, 4 centigr. par litre. Piscines, douches et bains.

Lapreste (Pyrénées-Orientales). — De mai en octobre. Température, 44° centigr. Sulfure de sodium, 1 centigr. par litre.

Gréoulx (Basses-Alpes). — Du 1er mai au 1er octobre. Température, 38° centigr. Hydrosulfate de chaux, 4 centigr. par litre.

Dignes (Basses-Alpes). — 1er mai au 1er septembre. Température, 42° centigr. Acide sulfhydrique, quantité indéterminée. Médecin inspecteur : M. Frison.

Bagnoles. — Voyez Couterne.

Bagnols (Lozère). — Du 1er juillet au 1er septembre. Température, 45° centigr. Elle contient de l'acide sulfhydrique. Bains et douches. Médecins : MM. Blanquet et Barbut.

Cambo (Basses-Pyrénées). — Du 15 mai au 15 octobre. Température, 23° centigr. Acide sulfhydrique, 4 milligrammes par litre. Médecin : M. Delissade.

Castera-Verduzan (Gers). — Du 15 mai au 1er octobre. Température, 25° centigr. Acide sulfhydrique. Médecin : M. Capuron. Il y a une source ferrugineuse.

Saint-Antoine-de-Guagua (Corse). — Du 1er juin au 1er septembre. Température, 52° centigr. Sulfure de sodium, 1 décigr. par litre. Médecin: M. de Framchi.

Caldanicia (Corse), 1 lieue d'Ajaccio. — 39° centigr. Catarrhes, ulcères

Pietra-Pola (Corse). — Du 15 mai au 1er juillet. Température, 55° centigr. Acide sulfhydrique. Médecin inspecteur : M. Vincintelli.

Aix-la-Chapelle (Provinces-Rhénanes). — Dans toutes les saisons. Température, 57° centigr. Elle contient de l'acide sulfhydrique.

Baden (Autriche). — Du 1er juillet au 1er septembre. Température, 35° centigr. Elle contient de l'acide sulfhydrique.

Saint-Honoré (Nièvre). — 1er juin au 15 septembre. Température, 35° centigr. Elle contient par litre 1 gramme de sels et de matières organiques, et de l'acide sulfhydrique. Médecin : M. Garenne.

Artigue-Longue, à Bagnères de Bigorre (Hautes-Pyrénées). — Température, 37° centigr. Acide sulfhydrique.

Barbotan, près Casaubon (Gers). — Température, 37° centigr.

Bilazai, près de Thouars (Deux-Sèvres). — Température, 25° centigr.

Cadéac (Hautes-Pyrénées).

Castellamare (Italie), près de Naples.

Couterne ou *Bagnoles* (Orne). — 25° centigr. Hôpital militaire, bains, douches. Médecin inspecteur : M. Lédémé.

Labassère (Hautes-Pyrénées). — Analogue aux eaux de Bonnes.

Olette (Pyrénées-Orientales). — 75° Réaumur.

Pfeffers (Suisse). — 37° centigr. Bains, boissons, douches. Bains en société.

Saint-Amand (Nord). — 25° centigr. Sulfure de sodium, hydrogène sulfuré; employée en bains et douches, contre la paralysie et les rhumatismes chroniques; en boisson contre les scrofules, les pâles couleurs, et les engorgements du foie. Les boues ont souvent réussi dans les ankiloses commençantes, les entorses, les foulures, l'atrophie des membres.

Schlangenbad (Nassau). — Dans la phthisie pulmonaire et les catarrhes anciens.

Siradan et *Sainte-Marie* (Hautes-Pyrénées).

Yverdon (Canton de Vaud). — 24° centigr. Bains et en boisson.

Eaux sulfureuses froides.

Enghien (Seine-et-Oise). — Du 1er mai au 1er octobre. Température, 14° centigr. Acide sulfhydrique 2 centigr. par litre; hydro-sulfate de chaux, 1 décigr. Son usage est avantageux dans les catarrhes anciens, quelques maladies de peau et surtout la couperose; les ulcères aux jambes. Médecins: MM. Bouland et Rayer.

Uriage (Isère). — Du 15 mai au 15 septembre. Température, 25° centigr. Hydro-sulfate de chaux, 1 centigr. par litre. Bains avec l'eau chauffée comme à Enghien; on la donne aussi en boisson. Maladies nerveuses, maladies de peau, engorgements chroniques du ventre. Médecin : M. Billerey.

La Roche-Pozay (Vienne). — Du 1er juin au 15 septembre. Température froide; acide sulfhydrique. Médecin : M. Destouches.

Gamarde (Landes). — Du 1er au 15 septembre. Température, 17° centigr. Elle contient un cinquième de son volume d'acide sulfhydrique.

CHAPITRE VII.

Eaux acidules (gazeuses).

Ces eaux, qui moussent comme le vin de Champagne, produisent une ivresse passagère et la tendance au sommeil. Elles ont une action spéciale sur l'estomac, qu'elles fortifient sans l'irriter, et dont elles calment l'état spasmodique. Les eaux acidules sont excellentes pour calmer la soif; elles sont surtout utiles dans les entérites anciennes, les gastralgies, les diarrhées bilieuses, les vomissements nerveux, etc. Comme on peut les boire en grande quantité, elles peuvent être utiles dans la gravelle, à cause de l'acide qu'elles contiennent.

Les anciens s'étonnaient beaucoup de voir ces eaux bouillonner avec plus de force à l'approche des orages; on sait maintenant que cela arrive parceque l'air étant alors spécifiquement plus léger, il oppose moins de résistance aux gaz qui se produisent dans les terrains d'où partent ces sources.

Seltz ou *Selters* (duché de Nassau). — Peu fréquentée, contient deux fois son volume d'acide carbonique et 4 grammes environ de sels par litre. Elle est digestive ou diurétique, et désaltère très bien dans les temps-chauds. Elle convient aux personnes hypochondriaques et sédentaires; dans la gravelle, les maux de cœur, les vomissements nerveux, les aigreurs et les tiraillements de l'estomac. On en expédie par an, pour toute la terre, plus d'un million de cruchons d'un litre. On fait bien de se servir, pour en faire usage, du siphon, vide-champagne ; avec ce petit instrument peu coûteux, on ne perd presque pas d'acide carbonique.

Contrexeville (Vosges). — Saison du 15 juin au 15 septembre. Température, 10° centigr. ; 1 grain de sulfate de chaux par litre, quelques traces de fer, 3 centigr. de matière organique. Elles sont avantageuses dans la gravelle et dans les dérangements de la menstruation. Médecin : M. Grosjean.

Pyrmont (Wesphalie). — Saison du 1er juin au 1er septembre. Température, 14° centigr. Bicarbonate de fer, 1 décigr. par litre ; acide carbonique son volume ; quelques traces de principes résineux. Ces eaux agissent surtout par le fer qu'elles contiennent ; mais nous les avons rangées au nombre des eaux gazeuses parcequ'elles sont une des plus riches en acide carbonique. Dans les grandes faiblesses, les maux chroniques d'estomac ou du foie, dans les gastralgies, la jaunisse, l'hypochondrie sans fièvre, contre les vers, et dans presque toutes les maladies nerveuses. Elles conviennent encore pour prévenir l'avortement, et pour faire cesser la stérilité et l'impuissance.

Losdorf (Suisse, canton de Soleure). — 10°
centigr. 1 gramme de sulfate de chaux par
litre, et quelques centigr. de sels de magnésie, qui la rendent purgative à forte dose. Employée dans l'hypochondrie, les obstructions,
le diabètes, les flueurs blanches, les hémorrhoïdes, et l'absence des règles. On la prend
en boisson ou chauffée à 25°.

Spa (Belgique). — Du 1er juin au 15 octobre. Température, 10° centigr. Carbonate de
fer, 7 centigr. par litre, acide carbonique un
volume et demi. On emploie l'eau de Spa le
plus souvent en boissons et quelquefois en
bains. Excellente dans l'atonie de l'estomac
ou des intestins, les flueurs blanches, la stérilité, l'impuissance, etc. (Voyez eaux ferrugineuses.) Elle contient du fer, et agit aussi
comme elles.

Evaux (Creuse). — Température de 26 à 53°
centigr. 4 grammes de sels de soude et de
chaux par litre. Bains, douches, bains de vapeur. Elle convient surtout dans les rhumatismes anciens; les engorgements articulaires.
Médecin inspecteur : M. Tripier.

Eaux minérales gazeuses moins usuelles.

Alfter ou *Rœsdorf* (Comté de Salm, à 5 lieues de Cologne). — Sels de soude ; un peu de carbonate de fer ; acide carbonique, volume égal à celui de l'eau.

Bar (Puy-de-Dôme). Froides et un peu gazeuses.

Besse (Puy-de-Dôme). — 2 lieues du Mont-Dore ; gazeuses et un peu ferrugineuses. Analogues à celles de Vichy et de Chateldon.

Boulou (Pyrénées-Orientales). — Gazeuses, salées et un peu ferrugineuses. Analogues à celles de Spa.

Cap-Vern (Hautes-Pyrénées) — 25° centigr. Contient quelques sels de magnésie qui la rendent laxative dans certains cas. Bains et douches ; on l'emploie surtout en boisson. Médecin inspecteur : M. Lacrampe.

Chateldon (Puy-de-Dôme).—Froides et un peu ferrugineuses, moins alcalines que celles de Vichy. Saison du 1er mai au 1er octobre ; 15 à 18 verres par jour. Médecin inspecteur : M. Desbret.

3.

Chatel-Guyon (Puy-de-Dôme). — 30° centigr. On n'y prend pas de bains. Elles sont
purgatives à haute dose. Composition analogue à celles de Chateldon.

Clermond-Ferrand. — 25° centigr. Médecin
inspecteur : M. Fleury.

Collioure (Pyrénées-Orientales). — Gazeuse,
acidule et un peu ferrugineuse. Peu active.

Corneilla-de-la-Rivière (Pyrénées-Orientales). — 17° centigr.

Err (Pyrénées-Orientales, dans la Cerda-
gne). — Analogue à celle de Collioure. Gazeuse et un peu ferrugineuse.

Foncaude (Hérault, près de Montpellier). —
Froide et gazeuse.

Fonfort (Allier). — Acidule gazeuse. Analogue à celle de Saint-Pardoux, dont elle est
voisine.

Fontane (Cantal). — Analogue à celle de
Sainte-Marie-du-Cantal.

Forcéral ou *Fort-Réal* (Pyrénées-Orientales). — Analogue à celle de Sorède.

Foussanges (Gard). — Médecin inspecteur:
M. Dumeng.

La Chaldette, près de Marjevols (Lozère). —

30° centigr. En boisson, bains et douches. Analogue à l'eau de Vichy. Médecin inspecteur : M. Roussel.

Laifour (Ardennes). — Acidules et un peu ferrugineuses. (Voy. Spa.)

La Magdelaine (Hérault). — Analogues à celles de Chateldon ou de Seltz.

Langeac (Haute-Loire, en Vélay). — Analogues à celles de Spa.

La Roque (Pyrénées-Orientales). — Analogue à celle de Sorède, à une lieue de distance d'elle.

Lecapus (Hérault). — Analogue à celle de Bussang ou de Pougues.

Le Sail-de-Causan (Loire). — Froides. Médecin inspecteur : M. Rousset.

Médague (Puy-de-Dôme). — Froides et un peu ferrugineuses. Sources intermittentes. A dose élevée elles sont un peu purgatives. Analogues à celles de Châtel-Guyon.

Merlange (Seine-et-Marne), près de Montereau.

Montbrison (Loire). — Froides. Analogues à à celles de Châteldon.

Orezza (Corse). — Saveur agréable.

Mont-Cornador (Puy-de-Dôme). — Analogue aux précédentes. Médecin inspecteur : M. Vernière.

Montner (Pyrénées-Orientales).—Acidules, un peu ferrugineuses.

Pétersberg (Suisse, près de Baden).

Pougues (Nièvre). — Saison du 15 mai au 1er octobre. Température 13° centigr. Carbonate de soude, un gramme et demi par litre. Un peu ferrugineuses. Analogues à celles de Spa, Seltz et Vichy. Conseillées dans les maladies chroniques de l'estomac et du foie, dans les pâles couleurs, quelques jaunisses, la pierre et la gravelle. Médecin : M. Martin.

Rennes (Aude), près de Carcassonne. — Froide ; un peu ferrugineuse.

Saint-Galmier (Loire), à quatre lieues de Montbrison. — Froide et très gazeuse.

Saint-Gervais (Hérault). — Analogues à celles de Pougues.

Saint-Mart (Puy-de-Dôme). — 21° centigr.; près de Clermont.

Saint-Martin-de-Fenouilla (Pyrénées-Orientales). — Analogues à celles de Spa ; plus actives qu'elles.

Saint-Martin-de-Valmeroux (Cantal), à trois lieues de Mauriac.— Froides et un peu ferrugineuses.

Saint-Myon (Puy-de-Dôme), à trois lieues de Riom. Froides ; analogues à celles de Spa et de Seltz.

Saint-Pardoux (Allier), à trois lieues de Bourbon-l'Archambault. — Froides, saveur agréable, un peu ferrugineuses. Médecin : M. Faye.

Sainte-Marguerite (Puy-de-Dôme, Vic-le-Comte). — Médecin inspecteur : M. Coubret.

Sainte-Marie (Cantal). — Saison du 1ᵉʳ mai au 1ᵉʳ octobre. Froide, très gazeuse et un peu ferrugineuse. Médecin : M. Grassal.

Sainte-Marie (Puy-de-Dôme). — Gazeuse et un peu ferrugineuse.

Sainte-Reine et *Prémeaux* (Côte-d'Or), à trois lieues de Dijon. — Froides et gazeuses ; employées dans les engorgements des intestins, la perte d'appétit.

Sorède (Pyrénées-Orientales), à trois lieues de Perpignan. — Action analogue à celle du Boulou, et de Saint-Martin-de-Fenouilla, mais plus faible.

Source-de-Campagne (Aude). — 25° centigr. Analogue à celle de Pougues.

Tambour (Puy-de-Dôme, Vic-le-Comte). — Médecin inspecteur : M. Coubret.

Wat-Weiler (Haut-Rhin). — Froides, gazeuses, ferrugineuses.

Vernière (Puy-de-Dôme). — Gazeuse.

Vic-sur-Cére (Cantal). — Du 1er juin au 15 septembre. Température 12° centigr. Elle contient des sels, un peu de fer, et deux fois son volume d'acide carbonique. On les conseille à ceux qui souffrent du ventre, mais elles nuiraient dans les maux de poitrine.

CHAPITRE VIII.

Eaux alcalines.

On appelle eaux minérales alcalines celles qui agissent surtout par la grande quantité de sels alcalins qu'elles renferment. L'importance du bicarbonate de soude qu'elles contiennent n'a bien été appréciée que depuis les travaux de M. Darcet sur les eaux de Vichy.

Les eaux alcalines forment un groupe aussi

naturel sous le rapport chimique que sous le rapport médical; elles rendent alcalines les sécrétions acides (l'urine, etc.), elles diminuent la plasticité du sang. On disait autrefois qu'elles étaient fondantes et apéritives. Elles sont fort utiles dans les maladies chroniques de l'estomac et des intestins, dans les engorgements du foie et de la rate, les gastrites chroniques sans dégénérescence des tissus, les gastralgies sans irritation; elles dissolvent les calculs d'acide urique et ceux de phosphate ammoniaco-magnésien. Elles ont encore l'action la plus remarquable contre les maladies goutteuses.

Vichy (Allier). — Saison du 15 mai au 15 septembre. Gazeuse; température 39° centigr. Carbonate de soude, 5 grammes environ par litre. La source des Acacias contient autant de fer que l'eau minérale de Forges. Les autres en présentent moins. Outre l'action générale attribuée à toutes les eaux alcalines, on l'a vantée aussi dans les affections hémorrhoïdales, l'hypochondrie, les flueurs blanches, les fièvres intermittentes invétérées; elles sont aussi très avantageuses dans les accidents qui signalent *l'âge critique*, et toutes les suites de couches, qu'on attribue dans le peuple au *lait répandu*. Elle a peu d'effets sur les maladies de peau et les rhumatismes; elle est contraire aux tempéraments secs, irritables, et aux individus sanguins. On l'emploie surtout en boisson; il y a aussi des bains et des douches. Lorsqu'on la prend pour la gravelle, il faut maintenir l'alcalinité des urines en s'abstenant de vin, d'acides, de laitage, etc. Médecins inspecteurs : MM. Prunelle, Petit.

Vals (Ardèche). — Saison du 1er juin au 15 septembre. Froide, gazeuse; 7 grammes de bicarbonate de soude et 1 centigramme d'oxide de fer par litre. Médecin : M. Ruelle.

Châteauneuf (Puy-de-Dôme en Auvergne). — Gazeuse. Saison du 1er mai au 15 octobre; la température varie de 12° à 35° centigr. Elles contiennent 3 grammes 76 centigrammes de carbonate de soude par litre. Employées dans les rhumatismes chroniques, les fistules, les flueurs blanches; en boisson et en bains. Médecin inspecteur : M. Salleneuve.

Saint-Nectaire (Puy-de-Dôme). — Gazeuses. Saison du 15 juin au 15 septembre. Température 38° centigr. Bicarbonate de soude 3 gr. par litre; quelques traces de fer. En boisson, trois à cinq verres au plus. Employées plus souvent en bains, douches. Elles conviennent dans la gravelle, la paralysie, les rhumatismes, et quelques catarrhes. Médecin : M. Marcou.

Ems (duché de Nassau). — Gazeuses. Saison du 1er juin au 15 septembre. Température variant de 21° à 50° centigr. dans les différentes sources. Bicarbonate de soude, 2 gr. par litre. Elle favorise les sueurs et les urines; elle convient aux personnes délicates; dans les maladies nerveuses, l'hystérie et tous les cas de faiblesse physique et morale, suite d'excès ou de chagrins. C'est peut-être la seule eau minérale qu'on puisse donner sans crainte aux enfants. On la vante aussi contre la stérilité et l'impuissance. On en exporte une très grande quantité.

La Bourboule (Puy-de-Dôme). — Gazeuse. Saison du 1er juin au 15 octobre. Temperature 52° centigr. Bicarbonate de soude, 1 gramme 9 décigrammes par litre. Médecin : M. Choussy.

Saint-Alban (Loire). — Gazeuse. Saison du 1er juin au 1er septembre. Température 18°

centigr. Carbonate de soude, 1 gramme 85 centigrammes par litre; quelques traces de fer. Employée en boisson seulement. Médecins : MM. Gouy et Courant.

Carlsbad (Bohême). — Gazeuse. Saison du 15 juin au 15 octobre. Température 51° à 73° centigr.; elle contient 5 grammes 2 décigr. de sel par litre; elle contient surtout du sulfate de soude, que l'on vend en Allemagne sous le nom de sel de Carlsbad; on le mêle à l'eau pour la rendre purgative. Lorsqu'on n'augmente pas ainsi son action, on peut en prendre 10, 20, 30, et même 40 gobelets par jour. Elle est renommée surtout dans le traitement de la goutte, de la gravelle, des maladies chroniques des intestins, du foie et de la rate, de la mélancolie, de l'hystérie et de l'hypochondrie. On l'emploie en bains, en boisson, en clystères, en douches, en injections et en bains de vapeurs. Le séjour à Carlsbad est très dispendieux.

Bourbon-l'Archambault (Allier). — Gazeuses. Saison du 15 mai au 1er octobre. Température 60° centigr. Bicarbonate, sulfate et hydrochlorate de soude. On les emploie en boisson, bains, fumigations, injections, douches ascendantes et descendantes. Vantées contre la paralysie rhumatismale, pour rappeler les menstrues, les hémorrhoïdes ; et contre les tumeurs articulaires, les ankiloses, etc. Médecin : M. Faye.

Saint-Laurent-les-bains (Ardèche). — Saison du 1er juillet au 15 septembre. Température 53° centigr.; 5 décigr. de carbonate de soude par litre. Médecin M. Surel.

Lamalou (Hérault). — Gazeuse ; saison du 1er juin au 1er octobre. Température 35° centigr. en hiver, 40° en été. Carbonate de soude, 47 centigr. par litre. Employée en boisson et en bains. Médecin M. Saisset.

Mont-Dore (Puy-de-Dôme). — Gazeuses. Saison du 15 juin au 15 septembre. Température 45° centigr. Carbonate de soude, 45 centigr. par litre. Elles conviennent dans les maladies chroniques de l'estomac, les anciens rhumatismes, les maladies de poitrine commençantes, surtout chez les personnes à face pâle et à peau molle. Elles nuisent aux personnes sanguines, aux scrofuleux et aux phthisiques avancés. On les emploie en bains, en douches, et en boisson. On n'en prend guères que deux verres chaque matin, le plus souvent coupée avec du lait ou de la tisanne. Le traitement ne dure guère que 15 à 25 jours, et l'effet se produit ordinairement un ou plusieurs mois après. Médecin inspecteur: M. Bertrand.

Néris (Allier). — Saison du 20 mai au 15 octobre. Température 51° centigr. 11 décigr. de sels par litre, dont 37 centigr. de bicarbonate de soude. Très fréquentées, et d'une grande utilité contre les rhumatismes chroniques, les maladies nerveuses, les gastralgies, la sciatique, l'hystérie, la catalepsie, les roideurs musculaires, la paralysie cutanée, etc. Médecins : MM. Falvart et Silbille.

Tœplitz (Bohème).—Gazeuse; saison du 1er juin au 15 septembre. Température 65° centigr. Elle contient par litre 34 centigr. de carbonate de soude; elle offre une certaine analogie avec celle de Carlsbad, éloignée de quelques lieues seulement ; on l'emploie comme elle, en boisson, bains , vapeur , etc.

Avène (Hérault). — Saison du 15 juin au 15 septembre. Température, 28° centigr. Carbonate de soude 1 décigr. par litre. Elle hâte la cicatrisation des ulcères aux jambes; on la donne aussi contre les engorgements intestinaux, les gastrites chroniques, maladies nerveuses, etc.

Plombières (Vosges).—Saison du 15 mai au 15 octobre. Température variant de 15 à 63° pour les différentes sources. Matières organiques, 6 centigr., carbonate de soude, 12 centigr. par litre. Ce sont les thermes les plus fréquentés de l'est de la France; elles paraissent avoir une efficacité spéciale dans les maladies chroniques du tube digestif, dans les rhumatismes et dans les névralgies; on les donne en bains, boisson, douches ascendantes et descendantes, bains de vapeur. Médecin M. Garnier.

Camarès (Aveyron). — Gazeuses. Saison du 15 juin en 15 octobre. Température 12° centigr. Carbonate de soude 19 décigr. par litre, un peu ferrugineuses, analogues à celles de Vichy.

Sultzmatt (Haut-Rhin). — Gazeuse. Température, 10° centigr. Carbonate de soude 1 gr. par litre. Employée dans l'hypochondrie, l'hystérie, la gastralgie, les engorgements de foie.

Bussang (Vosges). — Deux fois leur volume d'acide carbonique, 77 centigr. de carbonate de soude par litre, et 6 centigr. de sulfate de fer. Saveur agréable; employées contre la gravelle, les dérangements de la digestion, les flueurs blanches. L'eau de Bussang se transporte sans altération notable et peut très bien être prise loin du pays. Médecin : M. Grandetende.

Marienbad (Bohême). — Gazeuses. Saison du 1er juin au 15 septembre. Froides; analogues à celles de Carlsbad, moins la température; quelques-unes des sources sont plus ferrugineuses. Bains d'eau, de gaz, de limon, douches; employée aussi beaucoup en boisson. Celle qu'on exporte provient d'une source qui est un peu purgative.

CHAPITRE IX.

Eaux ferrugineuses.

Nous ne plaçons dans cette classe que celles des eaux minérales où le fer prédomine sur toutes les autres substances.

Elles ont une saveur d'encre ; elles sont toniques, resserrent les tissus, excitent l'estomac, accélèrent le pouls, rougissent la peau ; elles constipent et font maigrir ; elles conviennent aux tempéraments lymphatiques, aux pesonnes indolentes et apathiques ; elles sont utiles surtout dans la chlorose, les pâles couleurs ; elles diminuent les pertes de sang, ou les régularisent chez les femmes faibles qui perdent trop ; elles colorent le sang et en augmentent la quantité chez celles qui ne perdent pas assez par faiblesse, ou qui rendent tous les mois un sang décoloré ; elles régularisent les digestions et guérissent les maladies nerveuses ; elles sont toujours contraires lorsqu'il y a fièvre ou constipation.

Les eaux ferrugineuses artificielles ou les autres préparations de fer sont préférables lorsqu'on veut agir par le fer seulement. Leur composition est identique, tandis que les eaux naturelles se décomposent souvent par le transport.

Forges (Seine-Inférieure). — Gazeuse. Saison du 1er juillet au 15 septembre. Froide ; 5 centigrammes de bicarbonate de fer par litre. Elles ne s'emploient qu'en boisson. Elles nuisent aux goutteux, aux scorbutiques, et surtout aux tempéraments sanguins.

Cransac (Aveyron). — Saison du 1er juin au 1er octobre. Froide ; 36 centigrammes de sulfate de fer, et 4 grammes de sulfate de magnésie par litre. Elles sont un peu purgatives comme celles de Carlsbad. On y traite avec succès les rhumatismes chroniques, les névralgies, les névroses, les gastrites chroniques ; les fièvres quartes anciennes, les migraines, la chlorose et la jaunisse. On y trouve plusieurs étuves naturelles de 30 à 45° centigrades. Médecin : M. Auzouy.

Eaux minérales ferrugineuses, moins usitées.

Aumale (Seine - Inférieure).—Froides. On peut les prendre toute l'année. A neuf lieues d'Abbeville.

Chapelle-Godefroy (Aube). — Froides. A une lieue de Nogent.

Charbonnières (Rhône). — A deux lieues de Lyon. Composition analogue à celles de Provins.

Dinan (Côtes-du-Nord), en Bretagne, à sept lieues de Saint-Malo. Froides. Composition analogue à celle de Forges.

Lagenschwalbach ou *Schwalbach* (duché de Nassau). Un peu gazeuse. On l'emploie en boisson et en bains.

Jonas (la source), près de Bourbon-l'Archambault (Allier).—Employée dans les écoulements chroniques, les maux d'yeux et d'oreilles, l'amaurose commençante. Médecin : M. Faye.

Passy (Seine). —Froide. Une demi-lieue de Paris. 4 décigrammes de sulfate de fer par litre. Quant aux vertus de cette eau, voy. *Forges*. Ces eaux sont altérées par le transport.

Provins (Seine-et-Marne), dix-neuf lieues de Paris. Médecin : M. Naudot.

Vals (Ardèche). — Indiquée déjà aux eaux alcalines; il s'y trouve plusieurs sources très ferrugineuses.

On trouve encore des sources ferrugineuses à

Andélys (Eure). — Fontaine Sainte-Clotilde.

Bagnères de Bigorre (Hautes-Pyrénées).—La Fontaine d'Angoulême et la Fontaine Carrère.

Alais (Gard), quatorze lieues de Montpellier. — Deux sources : la Comtesse et la Marquise.

Brucourt (Calvados), cinq lieues de Caen. — Froide. Un peu gazeuse.

Cernières (Calvados). — Analogue à la précédente.

La Rivière (Calvados), près de Lisieux.

Rouen (Seine-Inférieure). —Eaux de la Masquerie, analogues à celles de Forges.

Bléville (Seine-Inférieure), près du Havre ; comme celles de Forges.

Gournay (Seine-Inférieure), six lieues de Gisors. — Fontaine de Jouvence.

Reims (Marne).

Roye (Somme), cinq lieues de Noyon.

Fontenelle (Vendée), une lieue de la Roche-sur-Yon.

Nancy (Meurthe).

Pont-de-Resle (Ain), six lieues de Bourg.

Beauvais, Trye-le-Château, et *Verberie* (Oise).

Dieulefit (Drôme).

Attancourt (Haute-Marne).

Luxeuil (Haute-Saône).

Plombières (Vosges). —Fontaine Bourdeille.

Cambo (Basses-Pyrénées), près des eaux sulfureuses.

Saint-Amand (Nord), près des eaux sulfureuses.

Boulogne-sur-Mer (Pas-de-Calais). — Fontaine de fer.

Castéra Verdusan (Gers). — Outre les eaux sulfureuses.

Séneuil (Dordogne), près de Ribérac.

Saint-Gondon, deux lieues de Gien.

Ferrières, cinq lieues de Montargis.

Segray, près Pithiviers (Loiret).

Beaugency (Loiret).

La Plaine (Loire-Inférieure), quatre lieues de Paimbœuf.

Verton (Loire-Inférieure), trois lieues de Nantes. — Source Ebeaupin.

Pornic (Loire-Inférieure), douze lieues de Nantes.

Sermoise (Marne), dix lieues de Châlons.

Mont-Lignon (Seine-et-Oise), près Montmorency, cinq lieues de Paris.

Lannion (Côtes-du-Nord).

Saint Denis-sur-Loir (Loir-et-Cher), deux lieues de Blois. — Fontaine de Médicis.

Château-Lavallière (Loir-et-Cher).

Nieder-Bronn (Bas-Rhin), dix lieues de Strasbourg. — 18° centigr. Bains avec l'eau chauffée.

Uriage (Isère). — Avec la source sulfureuse.

La Rivière (Haute-Marne), près de Bourbonne-les-Bains.

Rennes (Aude). — Saison du 1er mai au 1er octobre. Source du Cercle; froide; 11 centigrammes de bicarbonate de fer par litre; analogue à l'eau de Spa. Médecin : M. Cazaintre. Il y a en outre des eaux thermales salines.

Spa (Pays-Bas). — Gazeuse. Source du Pouhon. Saison du 1er juin au 15 octobre. Température, 10° centigr.; carbonate de fer, 7 centigrammes; acide carbonique, un volume et demi par litre.

Tongres (Provinces rhénanes), deux lieues de Maëstricht. — Deux sources ferrugineuses. Froides.

Cheltenham (Angleterre). — Gazeuse.

Shwalbach (Voy. *Lagenshwalbach*).

Scarborough (Angleterre).— Gazeuse.

Aix-la-Chapelle (États prussiens). — Le Spaubrunn.

CHAPITRE X.

Eaux minérales salines.

On appelle eaux minérales salines les eaux dans lesquelles les sels prédominent ; s'il s'y trouve du soufre, du fer, ou de l'acide carbonique, leur action est tout-à-fait secondaire. La plupart augmentent les urines ; celles qui sont les plus chargées sont purgatives.

Elles sont utiles en général contre les engorgements des intestins, du foie et de la rate, la jaunisse, les calculs biliaires, le catarrhe de vessie, la suppression des règles, les maladies scrofuleuses. On les a vantées dans les paralysies, même dans celles qui sont la suite d'une apoplexie ; elles sont utiles dans les éruptions sèches accompagnées de démangeaisons.

C'est un bon moyen pour faire tomber les croûtes épaisses qui se forment sur la figure ; on les emploie aussi dans les contractions des muscles, les maladies des os et des articulations, et dans les rhumatismes chroniques.

Bagnères-de-Bigorre (Hautes-Pyrénées, Bagnères-Adour).—Saison du 1er juin au 15 octobre. Température 18 à 51° centigr., selon les différentes sources. Sels divers, 2 grammes par litre. Très fréquentées, utiles contre les anciennes blessures, les maladies nerveuses ; employées en boisson, en bains et en douches; il y a en outre deux sources ferrugineuses, une source sulfureuse, et un appareil fumgatoire. On les vante dans les engorgements des intestins, les pâles couleurs et l'hypochondrie, dans la constipation invétérée. Médecin : M. Gauderax.

Schlangenbad (duché de Hesse), à peu de distance de Schwalbach. — A la réputation d'augmenter la beauté des femmes et de rajeunir les vieillards. Elle est gluante au toucher et comme savonneuse. Température 26° centig.; on se sert du limon qu'elle laisse déposer, comme des boues de Saint-Amand et de Bourbonne-l'Archambault.

Bourbonne-les-Bains (Haute-Marne).—Saison du 1er juin au 1er octobre. Température 58° centigrades ; chlorure de sodium et de calcium, 7 grammes par litre ; bromure de sodium 5 centigrammes. Gazeuse, employée dans les scrofules, rhumatismes musculaires chroniques ; fractures mal consolidées, entorses, anciennes blessures. Elles aggravent les maladies de la peau et de la vessie ; la goutte, la siphilis; elles nuisent aux constitutions sèches, nerveuses ou sanguines. On trouve à deux lieues de Bourbonne, à *la Rivière*, une eau ferrugineuse froide. Les eaux de Bourbonne s'emploient en boisson, en bains et en douches ; on se sert aussi des boues comme de celles de Saint-Amand. Médecin : M. Renard.

Saint-Gervais (Savoie). — Saison du 1er mai au 1er octobre. Température entre 18o et 42o centigr. dans les différentes sources; 4 grammes environ de sels divers par litre. Elles contiennent aussi un peu de soufre, de la glairine et du pétrole; deux des sources sont ferrugineuses. Elles sont purgatives, toniques, diurétiques et révulsives par l'action qu'elles ont sur la peau. Pour produire ces effets différents, on les emploie en boissons, bains, douches ascendantes et descendantes, bains de vapeur, douches en pluie (écossaises). bains d'immersion; vantées dans presque toutes les maladies chroniques ou nerveuses, les glandes engorgées, hydropisies, etc., etc. Médecin : M. Demay.

Balaruc (Hérault). — Saison du 1er mai au 1er octobre. Température 50° centigr. 10 gr. de chlorure de sodium, de magnesium et de calcium par litre. Gazeuse; le transport lui enlève beaucoup de ses qualités. Employée en boisson, bains, vapeurs, douches, dans tous les engorgements chroniques, les scrofules, la goutte, la paralysie. Médecin : M. Rousset.

Luxeuil (Haute-Saône). — Saison du 1er mai au 15 octobre. Température 17° à 46° centigrades; sels et matières bitumineuses, 24 centigrammes par litre; deux sources ferrugineuses froides. Bains en commun, chaleur graduée ; utiles dans les maladies nerveuses, la gastralgie, la stérilité. Médecins : MM. Revillont et Sterlin.

Aix en Provence (Bouches-du-Rhône). Bains de Sextius. — Saison du 1er mai au 1er octobre. Température 39° centigrades; 5 décigrammes de sels par litre. Employées en boisson, bains, étuves sèches ou humides, fomentations, douches et injections, dans les maladies de peau, les obstructions, les flueurs blanches, l'impuissance, la stérilité et les vieux ulcères. Médecins : MM. Jacquemin et Arnaud.

Bains (Vosges). — 15 juin au 15 septembre. Température 33 à 59° centigrades ; 44 centigrammes de sels par litre ; boisson, lavements, étuves, douches ascendantes et descendantes. Employées surtout dans les maladies de femmes, elles conviennent aux constitutions délicates. Médecin : M. Bailly. (Séjour peu coûteux.)

Baden ou *Bade* (Suisse).— 15 mai au 15 septembre. Température 52° centigrades ; sels 3 grammes par litre. Bains de gaz sulfureux. Gastrites, chroniques, rhumatismes, stérilité, impuissance. (Séjour peu coûteux.)

Bourbon-Lancy (Saône-et-Loire). — 15 mai au 1er octobre. Température 43 à 60° centigrades, 17 décigrammes de sels par litre. Gastrites chroniques, stérilité, etc. Médecin : M. Pinot.

Ussat (Ariége). — Du 1er juin au 1er octobre. Température 38° centigrades ; sulfate de magnésie 3 décigrammes par litre. Dans les maladies de femmes ; on n'y reçoit pas les dartreux ni les scrofuleux. Employées en bains et en boisson.

Wiesbaden (duché de Nassau). — 1er juin au 1er octobre. Température, 68° centigrades, 5 grammes de sels par litre. On boit rarement cette eau; il y a des bains et des douches. Dartres, rhumatismes, goutte, paralysies.

Bade ou *Baden* (grand-duché de Bade). — 1er juin au 15 septembre. Température de 45 à 65° centigrades; 2 grammes de sels par litre. Gazeuses.

Eger (Allemagne), près de Carlsbad et de Marienbad. — Gazeuses et un peu ferrugineuses. Elles purgent à forte dose; elles sont nuisibles dans toutes les maladies des intestins. Elles conviennent à la suite des excès et des grandes maladies.

Audinac (Ariége). — Saison du 1er juin au 1er septembre. Température 22° centigrades; 3 centigrammes de bitume et 2 grammes de sels de magnésie par litre; acide sulfhydrique et carbonique. Gazeuse. Elle purge à la dose de trois à quatre verres. Utile dans les vomissements nerveux, le pissement de sang, les anciens rhumatismes et les maladies chroniques d'intestins.

Eaux minérales purgatives.

Sedlitz (Bohême). — Température, 15° centigrades; sulfate de magnésie, 8 grammes par litre. Gazeuse. On fait de l'eau artificielle qui est aussi bonne et peut-être préférable, en ce qu'on peut graduer son action.

Seidchutz (Bohême).—Froide; non gazeuse; plus purgative que celle de Sedlitz dont elle est voisine; 20 grammes de sulfate de magnésie par litre.

Pullna (Bohême). — Sulfate de magnésie, 33 grammes, et sulfate de soude 21 grammes par litre. Très purgative. L'eau artificielle peut la remplacer quand on veut n'obtenir qu'un effet purement purgatif.

Epsom (Angleterre), cinq lieues de Londres. —30 grammes de sulfate de magnésie par litre. On en obtient le sel que l'on vend dans le commerce.

Eaux minérales salines moins usitées.

Absac ou *Availles* (Charente). — Engorgements, écoulements chroniques.

Albino (Italie). — On emploie les boues comme celles de Saint-Amand, dans les foulures, les entorses.

Bath (Angleterre). — Contiennent un peu d'iode.

Bristol (Angleterre). — Contiennent un peu d'iode.

Chaudes-Aigues (Cantal). — Température 80° centigr.; sels 1 gramme par litre; gazeuse. Propriétés analogues à celles de Bourbon-Lancy.

Dax (Landes). — 25° à 55° centigr. On peut les prendre toute l'année. Rhumatismes chroniques.

Evaux (Creuse). — 15 mai au 1er octobre. Température 58° centigr.; sels, 3 grammes par litre. Médecins : MM. Tripier et Darchis.

Heilbrunn ou *Heidelbrunn* (Bavière). — Sels à base de soude, iode, fer, brôme, hydrogène carboné. Ne s'altère pas par le transport. Scrofules, engorgements goîtreux, lymphatiques, squirrheux.

Jouhe (Jura), une lieue de Dôle. — Maladies de peau, engorgements.

Lamothe (Isère), six lieues de Grenoble. —— Température 56° centigr. Analogue à celle de Balaruc. Elle purge à forte dose.

Le Monestier (Hautes-Alpes), trois lieues de Briançon. — Temperature 36° Réaumur. Analogue à celle de Bagnères-de-Bigorre.

Neffiach (Pyrénées-Orientales).—Digestive.

Nieder Bronn (Bas-Rhin). — 15 juin au 15 septembre. Température 17° centigrades; 4 grammes de sel par litre. Médecin : M. Kunh.

Pouillon (Landes), huit lieues de Bayonne. — Elle purge à la dose d'un litre.

Prehac (Landes). — Analogue à celle de Dax.

Rennes (Aude), six lieues de Limoux.— Bains de Montferrat. Température de 40° à 50° cen tigr. Il y a en outre une source froide ferrugineuse. Médecin : M. Cazaintre.

Saint-Paul-de-Fenouilhèdes (Pyrénées-Orientales). —26° centigr.

Salces (Pyrénées-Orientales).

Sambuse (Landes). — 31° centigr. Rhumatismes, scrofules.

Soden (Allemagne). — Gastralgies, engorgements ; elles purgent quelquefois.

Sylvanès (Aveyron). — Saison du 15 mai au 15 septembre. Température 58° centigr. Agissent aussi par le carbonate de fer qu'elles contiennent. (Voy. *Ferrugineuses.*)

Tautavel (Pyrénées-Orientales). — Fontaine *Foradade.*

Tercis (Landes), six lieues de Bayonne. — 40° centigr. Elles contiennent un peu de soufre.

Vacqueyras (Vaucluse), *Gigondois, Montmirail,* quatre lieues d'Avignon. — Bains, douches, boisson, lotions, clystères, injections ; on emploie aussi les boues pour les maux externes.

Eau de mer. — C'est une véritable eau minérale saline et froide, très active. Sa composition est variable quant au degré de salure et aux autres substances qu'elle contient, selon le degré de latitude, le climat, les saisons, la profondeur plus ou moins grande à laquelle on la puise. On ne peut pas en faire usage habituellement en boisson ; c'est ce que prouve la funeste expérience de Pierre-le-Grand, qui vit périr tous les enfants de matelots qu'il avait ordonné de soumettre à ce régime. Des marins, privés d'eau douce, ont pu cependant en boire de petites quantités, et surtout s'y baigner, pour apaiser leur soif. Prise par verres, elle fait vomir ou purge; on l'emploie contre les vers. Prise à plus petites doses, elle convient dans les scrofules, la phthisie pulmonaire, les engorgements, etc., mais lorsqu'il n'y a pas de fièvre, car dans ce cas elle serait évidemment contraire.

On l'emploie plus souvent en bains, ou, quand le malade ne peut pas les supporter, en douches, affusions, lotions. Le bain de mer a l'action ordinaire des bains frais. Il agit en outre par une pression plus forte sur toute la surface du corps, parceque sa densité est plus grande, et comme tonique par le contact des substances qui entrent dans sa composition. Ils facilitent la digestion et la respiration, régularisent la circulation, etf ontprédominer le système artériel sur le système lymphatique et veineux. Ils réussissent très bien sur les individus lymphatiques et à chair molle, à moins qu'ils ne soient pas capables d'opérer une réaction suffisante ; ils nuiraient aussi aux hommes sanguins disposés aux congestions cérébrales, et aux hémorrhagies actives. On en fait surtout usage dans les scrofules, les engorgements articulaires, la chlorose, les déviations des membres et de la colonne vertébrale, toutes les maladies nerveuses, contre la gale et les ulcères. Lorsque l'on prend des bains de mer on en éprouve bien plus d'avantages encore si l'on s'y livre à la natation.

On administre les bains de mer, selon les cas, en bains d'immersion ou de surprise ; en bain à la lame, en exposant le malade au choc du flot ; en bain d'ondée ou de pluie. Dans plusieurs localités on prend le bain de mer dans une sorte de cabinet flottant ou sous une tente.

Souvent on n'emploie l'eau de mer qu'en lotions sur les bras ou sur les jambes, chez les personnes irritables chez lesquelles un grand bain produirait la fièvre. D'autres fois, pour les individus incapables de réaction, on fait chauffer légèrement l'eau de mer dans une baignoire, et même on la coupe d'eau pure ou de tout autre liquide médicamenteux.

CHAPITRE XI.

Bains mous.

Boues minérales. — Elles agissent chacune selon les propriétés diverses des eaux qui les ont formées. La plupart de celles dont on se sert sont chaudes naturellement ; quant aux autres, on ne s'en sert que dans les grandes chaleurs , lorsque le bassin qui les renferme a été longtemps exposé à un soleil ardent. Elles sont en général plus actives que les eaux qui les forment, puisqu'elles sont composées des substances qu'elles tiennent en dissolution ; elles déterminent ordinairement une éruption de boutons ou de rougeurs. On les emploie surtout dans les anciennes blessures, dans les faiblesses musculaires, la paralysie, les engorgements. Les plus usitées sont celles de *Saint-Amand, Barbotan, Bagnères-de-Luchon , Bagnols, Bourbonne, Cauterets, Dax, Néris, Ussat.* (Voy. la Table des Matières.)

Bains de limon salé, que la mer laisse sur

les côtes.—Les Tartares et les habitants de la Crimée emploient ces bains dans l'hypochondrie, les scrofules, le scorbut, etc., pendant les grandes chaleurs. On fait une excavation dans laquelle on place le malade, puis on le recouvre de limon; on éprouve ordinairement une sueur excessive et une éruption de petits boutons, puis une faim dévorante quelques heures après.

Bains de marc de raisin, ou d'olives. — On le-laisse plus ou moins fermenter, et on y plonge le malade en entier ou partiellement. Ils sont fort en usage dans les pays vignobles et dans ceux qui produisent l'olivier. La fermentation conserve la chaleur du marc pendant plusieurs jours de suite. On donne souvent ces bains aux enfants faibles, et aux convalescents de rhumatismes aigus.

Bains de fumier chaud. — Les habitants des campagnes les emploient souvent contre les douleurs rhumatismales, dans la phthisie pulmonaire, et pour remédier aux accidens graves produits par l'ivresse de l'eau-de-vie. Les Polonais les emploient contre la siphilis, et il paraît qu'ils aggravent toujours la maladie, surtout lorsqu'il y a quelque plaie extérieure.

CHAPITRE XII.

Bains secs.

Bains de couvain des abeilles. — Mélange de cire de miel et de fœtus d'abeilles, employé par les habitants de Cronstadt, pour guérir les membres paralysés.

Bains de sable chaud ou *arénation.* — Les anciens s'en servaient beaucoup plus que nous. Celse, Dioscoride et Galien le recommandent contre l'hydropisie; on l'a aussi conseillé contre la goutte, les flueurs blanches, l'asthme, la paralysie, l'embonpoint excessif. On pratique une excavation dans le sable sec et chauffé par le soleil, on y place le malade debout, et on accumule autour de lui le sable environnant; quelquefois on enterre tout le corps jusqu'à la tête, d'autres fois on laisse les bras libres. La chaleur du sable fait rougir la peau, et provoque une transpiration telle que le sable est ordinairement mouillé à cinq à six pouces de distance de la peau.

Bains de terre. — Solano, médecin espagnol, employait les bains de terre dans la phthisie pulmonaire; on s'y prenait comme pour les bains de sable. Il laissait les malades pendant trois quarts d'heure en terre, et leur faisait prendre un verre de vin généreux ou de décoction de glands doux. On a encore employé ces bains contre le scorbut, la siphilis et quelques maladies chroniques.

Bains de plâtre, de cendres, de son. — On a employé ces différentes substances dans le même but que les bains de sable ou de terre, pour produire une transpiration abondante. Cette transpiration devient encore plus forte dans les bains de plâtre, à cause de la tendance de ce corps à s'emparer de l'humidité; et dans les bains de cendres, elle dissout la potasse et agit comme un bain fortement alcalin. Le bain de son ne produit d'effet que par la température qu'on lui a communiquée; mais le contact de ce corps ne peut jamais être nuisible à la peau, comme celui du plâtre ou de la cendre.

CHAPITRE XIII.

Bains gazeux.

Bains d'air. —De tout temps on a remarqué l'influence sur la santé de l'habitation, au milieu d'un air pur; je ne parle ici que de l'emploi de l'air comme moyen de traitement de certaines maladies. Plusieurs établissements d'eaux minérales sont placés sur de hautes montagnes à l'abri des vents du nord ; souvent on y conseille aux malades de se rendre tous les jours, légèrement vêtus, dans un lieu propice, et de respirer l'air pur pendant une heure ou deux. D'autres fois on suspend des enfants ou des individus faibles, en plein air et au soleil, nus ou presque nus, et on les engage à faire des mouvements de natation pendant un certain temps. Dans ce cas-là l'*insolation*, c'est-à-dire la lumière et la chaleur du soleil, vient augmenter l'action de l'air.

Le P. Labat rapporte qu'au Mississipi les sauvages se guérissent de l'épian (siphilis) en s'exposant nus au grand soleil, toute la journée, sur le sable, après s'être violemment purgés deux ou trois fois. Lorsque l'on conseille l'insolation, il faut toujours recommander de garantir la tête de l'action du soleil. On a vu beaucoup d'exemples de fièvres cérébrales et de morts subites causées de cette manière. On ne peut se faire une idée de la sensation de bien-être que l'on éprouve lorsque toute la surface du corps est en contact avec un air pur; c'est un moyen puissant pour changer la constitution des enfants lymphatiques et scrofuleux, surtout lorsqu'on y joint *l'insolation*.

Bain électrique.—On appelle ainsi l'action par laquelle on charge d'électricité un individu isolé du réservoir commun; c'est un moyen d'excitation générale usité surtout pour augmenter l'activité de la circulation et des sécrétions. Dans toutes les maladies causées par la faiblesse.

Bains d'air chaud, étuves sèches.—Nous avons vu que les anciens employaient déjà les étuves sèches; c'est ce qu'ils appelaient *laconicum*. De

nos jours encore, en Egypte, en Turquie, et
même en Finlande, ces bains sont très com-
muns. Leurs effets sont ceux du bain chaud,
moins ceux qui sont produits par la pression
et la densité de l'eau. La température qui
convient le plus généralement est celle de 45
à 50° centigr. Les Finlandais les prennent habituellement à 50, 55 et même 60° centigr.
On supporte bien plus facilement une chaleur
élevée dans l'étuve sèche que dans l'étuve
humide. Ainsi on a vu à Paris, en 1828, un
Espagnol qui se disait incombustible, et qui
supportait pendant quelques minutes 125° centigr. dans un four. Dutillet et Duhamel citent
une jeune fille qui supporta pendant douze
minutes la température énorme de 156° centigr. Dans les étuves sèches la sueur est
excessive, et on perd beaucoup de son poids ;
il semble qu'on soit maigri lorsque la réaction
causée par la chaleur de l'étuve s'est calmée.
Les étuves sèches conviennent aux constitutions lymphatiques dont les tissus sont abreu-
vés de sérosité. On a construit dans ces derniers temps des appareils destinés à maintenir
pendant plusieurs jours un ou plusieurs mem-

bres dans un air sec et chaud; à la suite des amputations ou des opérations graves, ce moyen hâte la cicatrisation d'une manière surprenante. Les personnes à constitution sanguine et apoplectique ne doivent jamais entrer dans une étuve sèche.

Bains de vapeurs, étuves humides.—On nomme ainsi des chambres hermétiquement fermées, dans lesquelles on s'expose à l'action de la vapeur d'eau. Lorsque ces chambres sont communes elles sont disposées en gradins, parceque la température est toujours plus élevée vers le haut de l'appartement, et qu'on peut ainsi se placer sur le gradin à la hauteur duquel la température convient à la constitution ou à la maladie de chaque baïgneur.

Lorsqu'on entre dans un bain de vapeur on sent immédiatement aux paupières et aux mamelons une cuisson assez vive. On supporte une température bien moins élevée dans les étuves humides que dans les étuves sèches. Le terme moyen est de 40 à 50° centigr. On peut supporter une chaleur plus forte lorsque la tête n'est pas en contact avec la vapeur, et que le corps est contenu dans une boîte (fumigations). Un bain de vapeur de 35 à 40° seulement peut tenir lieu d'un bain tiède aux individus irritables, dont l'épigastre (creux de l'estomac) est tellement susceptible qu'ils ne peuvent supporter la pression causée par la densité de l'eau d'un bain. L'étuve humide à 36° centigr. correspond aux bains de 28° quant aux effets, et l'étuve humide à 50° correspond au bain d'eau à 38° centigr. On emploie les bains d'étuve sèche et de vapeur dans tous les cas où il est utile de provoquer une transpiration abondante, dans les rhumatismes chroniques, les péritonites, suites de couches, sciatiques, maladies d'articulations, douleurs des os, à la suite des rougeoles et des autres maladies de peau.

Il y a des étuves humides naturelles: ce sont des grottes, des souterrains ou de simples cavités habituellement remplies de vapeurs aqueuses ou hydrosulfureuses qu'exhalent des sources thermales avoisinantes. Il en existe à *Plombières*, à *Bourbonne*, et surtout en Italie, à *Tritoli*, *Agnano*, *Ischia*, etc.

On peut mêler à l'air chaud ou à la vapeur d'eau différentes substances médicamenteuses,

telles que les aromates, l'esprit de vin, le chlore, le soufre, etc.; mais pour ne pas provoquer la toux, il faudrait que la dose fût très faible. Afin d'agir davantage, on soustrait la tête à leur influence; le malade respire l'air pur, et l'on place le corps dans une boîte fumigatoire dans laquelle on peut faire développer des vapeurs concentrées, sans craindre de produire aucun accident, du moins tant qu'on reste dans la limite nécessaire.

Fumigations.

Lorsqu'on ne met qu'une partie du corps en contact avec une vapeur quelconque, on appelle cela *Fumigation*. La plupart se dirigent sur les membres ou sur le corps entier, excepté la tête. On a construit des appareils pour diriger des vapeurs dans les poumons; on donne aussi des fumigations dans l'anus (fumée de tabac, etc.), dans la vulve (vapeurs aloëtiques), dans l'oreille, etc.

Les substances les plus employées sont : l'eau, le soufre, les mercuriaux, le chlore, l'alcool, l'éther, l'ammoniaque, les huiles essentielles, les plantes aromatiques, le camphre, le succin, le benjoin, etc.

L'application de ces vapeurs obtenues par divers procédés, mais en général par l'action de la chaleur, et dirigées soit sur toute la surface du corps, soit sur un point déterminé, est surtout utilisée pour le traitement des rhumatismes, des maladies de peau, des maladies lymphatiques, de la siphilis, des douleurs dans les os, des catarrhes chroniques, etc.

Je n'entre pas dans plus de détails sur l'emploi des fumigations, parceque le médecin seul doit diriger le malade dans l'emploi et le mode d'application des substances qui servent à cet usage, et dont la plupart pourraient devenir dangereuses dans des mains inexpérimentées, ou si on les employait contre des maladies qu'elles pourraient aggraver.

CHAPITRE XIV.

De quelques pratiques accessoires des Bains de vapeur.

Affusions. — On nomme ainsi un jet d'eau froide que l'on dirige sur sa tête dans les bains de vapeur, pour empêcher le sang de monter trop rapidement au cerveau, et de causer une congestion cérébrale. On peut diriger ces affusions froides sur le reste du corps, mais se faire frictionner immédiatement, afin d'empêcher les effets funestes que pourrait avoir la concentration brusque du sang à l'intérieur.

Flagellation. — Usitée en Russie après le bain de vapeur, pour exciter fortement la peau avant de se laver à l'eau tiède ou froide. On se sert pour cela d'une poignée de verges de bouleau ramollies dans l'eau chaude. Cette pratique excite les organes génitaux, et doit être évitée surtout chez les enfants, les vieillards et les femmes.

Massage. — On appelle ainsi une pratique

en usage d'abord chez les Indiens, d'où elle s'est répandue chez presque tous les peuples, à cause du bon effet qu'on peut en retirer dans toutes les faiblesses musculaires et constitutionnelles. Une séance de massage remplace l'exercice sans aucune perte, et presque sans fatigue. C'est un moyen précieux de traitement chez les individus tellement affaiblis, que les exercices musculaires seraient dangereux, et causeraient la fièvre. Le massage réussit encore à la suite d'une fatigue excessive, il cause une détente générale suivie de sommeil ; il est aussi très utile dans les crises nerveuses qu'il fait cesser en très peu de temps. Le masseur pétrit tous les muscles l'un après l'autre, et fait craquer toutes les articulations, mais il faut pour cela une certaine habileté que peu de personnes peuvent acquérir.

Frictions. — C'est encore là un moyen de traitement emprunté aux Orientaux, et qui est de la plus grande utilité dans toutes les maladies chroniques internes. Il facilite la circulation, régularise les fonctions, attire le sang dans la peau, et n'a aucun inconvénient. On frotte soit avec la main, soit avec une flanelle.

Onctions. — Elles consistent dans l'application de substances grasses telles que l'huile, la graisse, le beurre, sur des parties en même temps soumises aux frictions. Les anciens les employaient beaucoup, mais de nos jours on les a presque abandonnées. C'est pourtant un moyen utile dont on peut retirer beaucoup d'avantages dans quelques maladies de peau, et pour faciliter les frictions chez les personnes nerveuses. Elles calment aussi les douleurs causées par les changements de temps.

TRAITÉ DE LA NATATION.

La natation est de tous les exercices musculaires celui qui est le plus favorable à la
santé, parcequ'il met tous les muscles en action, et que ceux-ci agissent sans causer aucune déperdition de sueur, parconséquent sans
faiblesse consécutive. Cependant, si l'on dé-
passe la limite de ses forces, on peut se donner ainsi une courbature et une petite fièvre.
Pour retirer tous les avantages possibles de la
natation comme moyen hygiénique, il faudrait
s'y livrer tous les jours, d'abord pendant un
quart d'heure seulement, puis pendant une
demi-heure, et augmenter toujours, sans jamais aller jusqu'à la fatigue. Les forces croî-
traient ainsi par l'exercice, et l'on pourrait au
bout de peu de temps nager pendant plusieurs
heures consécutives. Mais dans l'organisation
actuelle de la société, la fièvre d'ambition ou

de plaisir qui nous dévore tous laisse à peine le temps de s'occuper de sa santé. Lorsqu'on se livre à la natation, on veut de suite tout savoir, on fait dans l'eau des mouvements désordonnés, on prend des habitudes vicieuses qu'il est ensuite fort difficile de réformer. Il faut apprendre peu de chose à la fois, mais apprendre avec soin; c'est ainsi qu'on n'oublie jamais.

Il est presque aussi naturel de nager que de marcher. Si l'on se pénètre bien du mode d'exécution des principaux mouvements, on peut, en quelques leçons, exécuter toutes les variétés imaginables de natation. Il serait impossible de nager longtemps de la même manière; il y a telle manière de nager qui laisse reposer les bras, telle autre qui ne nécessite pas l'action des jambes, telle autre où tout le corps est en repos. On entremêle tous ces modes de natation selon le caprice, la circonstance, ou pour reposer le membre le plus fatigué.

On a dit que l'homme n'était pas conformé pour la natation, et que ce n'était qu'à force d'art qu'il y parvenait. Cette assertion est tout-à-fait fausse; il est mieux conformé

pour la natation que la plupart des animaux ;
ceux ci ont pour la plupart des membres très
grêles qui ne leur permettent pas d'autres
mouvements dans l'eau que ceux qu'ils emploient habituellement pour marcher. Aussi
se fatiguent-ils beaucoup, tandis que l'homme
avec ses larges membres a bien plus de facilité pour prendre un point d'appui sur l'eau.
La seule circonstance favorable dans la con-
formation des animaux consiste en ce que
leur tête est déjà disposée pour la station horizontale, et que leur corps peut être à une
certaine distance sous l'eau, sans que pour
cela ils soient privés d'air, puisque l'orifice
destiné à la respiration est placé à l'extrémité d'un bras de levier plus ou moins long ,
selon l'espèce à laquelle ils appartiennent, le
museau. Chez nous cet avantage est plus que
compensé, en ce que nous pouvons rester sur
le dos sans être submergés, en ne laissant hors
de l'eau que le nez et la bouche, et sans faire
aucun mouvement; c'est ce que très peu d'animaux pourraient faire. Parmi les hommes il y
en a qui se maintiennent ainsi plus ou moins
facilement, mais il est certain que l'individu le

plus défavorablement conformé pour la natation peut le faire. Tout homme qui se plonge
dans l'eau en déplace un volume dont le poids
est supérieur au sien; aussi l'eau le repousse-
t-elle toujours à la surface; la graisse, qui est
plus légère que l'eau, vient encore augmenter
cette légèreté, lorsqu'on en est abondamment
pourvu. Les porcs très gras, quand ils nagent,
ne disparaissent pas en entier sous l'eau,
comme les autres animaux; on les dit meilleurs
nageurs, ils sont seulement plus légers. Les
hommes gros surnagent aussi plus facilement
que les gens maigres. Quant à ceux-ci, comme
leur poids spécifique n'est pas de beaucoup
inférieur à celui de l'eau, ils doivent avoir la
précaution de toujours dilater leur poitrine le
plus possible, et d'y garder continuellement
beaucoup d'air; en agissant ainsi, leur volume
augmente, et ils deviennent plus légers com-
parativement à l'eau.

La pesanteur spécifique n'est pas la même
pour toutes les parties du corps; ainsi, si
l'on coupait les cuisses d'un homme, ou la
tête, ou les bras; toutes ces parties tombe-
raient immédiatement au fond de l'eau, par-

cequ'elles sont plus lourdes, étant composées d'os et de muscles recouverts de très
peu de graisse. Le ventre, au contraire, contient les intestins qui renferment toujours des
gaz quelconques en plus ou moins grande
quantité ; et la poitrine dans toute sa largeur
ne contient guère que de l'air, car les poumons, s'ils étaient comprimés et privés d'air,
formeraient un très petit volume; on voit donc
que les jambes et les cuisses étant plus lourdes
que l'eau, doivent toujours tendre à se diriger
vers le fond ; la tête, plus lourde aussi que
l'eau, est soutenue par la poitrine, qui est
beaucoup plus légère; mais tout le long du dos
se trouve la colonne vertébrale avec ses muscles qui allourdissent beaucoup la partie pos-
térieure; aussi le centre de gravité du corps
humain, dans l'eau, est-il un peu au-dessous
du creux de l'estomac, en arrière ; c'est-à-
dire que si l'on voulait y suspendre un corps
humain dans un équilibre parfait, il faudrait
que la corde passât par ce point. Tout ce que
je viens de dire prouve ce que l'expérience
nous avait appris depuis longtemps: c'est que
la position la plus naturelle de l'homme dans

l'eau est d'être un peu renversé en arrière, en ne laissant hors de l'eau que le nez et la bouche ; dans cette position, l'homme le moins expérimenté dans l'art de la natation pourrait descendre un fleuve jusqu'à la mer, s'il n'avait pas besoin de satisfaire son estomac et si la température de l'eau était assez élevée pour que le froid ne lui causât pas un engourdissement général. Il ne faut faire aucun mouvement, avoir soin seulement de maintenir toujours sa poitrine pleine d'air et d'en exhaler peu à la fois. Je ne saurais trop recommander à tous les nageurs d'exécuter ce que je viens de dire , c'est-à-dire de se laisser aller sans crainte, et surtout sans mouvement. Lorqu'ils auront vu avec quelle sécurité on peut ainsi se laisser entraîner à la dérive, ils pourront employer ce moyen lorsqu'ils seront fatigués, ou qu'une crampe des deux jambes, ou d'une jambe et d'un bras, pourrait leur faire courir quelques risques ; ou bien encore, en temps de guerre par exemple, on peut passer ainsi tout près des sentinelles ennemies, traverser une armée sans qu'elle puisse se douter de rien. Si l'on était forcé de passer assez près d'elle pour qu'on pût reconnaître le nez et le front d'un être humain, on pourrait s'armer d'une touffe de feuilles ou de roseaux qui permettrait de respirer, et qui aurait l'air de suivre le courant. Il serait possible de transporter ainsi un nombre d'hommes indéfini, sans éveiller les soupçons.

Ce que nous avons dit plus haut du centre de gravité devient aussi très utile à connaître pour exécuter certains mouvements. Ainsi supposons le nageur dans cette position naturelle que je viens de décrire, n'ayant que le nez et la bouche hors de l'eau; s'il veut relever ses pieds à la surface, il n'a qu'à aspirer une grande quantité d'air, et la poitrine tendra à s'élever à fleur d'eau; en même temps s'il renverse la tête fortement en arrière, il se produit un mouvement léger de bascule, et les pieds arrivent à la surface de l'eau. Si un instant après il plie la tête sur la poitrine, le contre-poids n'existera plus, et les pieds tendront encore à se diriger vers le fond; s'il veut se tourner sans prendre de point d'appui sur l'eau, il n'a qu'à écarter un bras du corps, il sentira ce côté s'infléchir doucement; s'il veut se tourner plus rapidement, il n'a qu'à pousser l'eau avec la main du côté et dans le sens opposé à celui vers lequel il veut se diriger, et tout le corps roulera comme sur un axe. Je recommande beaucoup aux personnes qui veulent savoir bien nager, de s'occuper avec soin des principes tant qu'elles apprennent; mais aussitôt qu'elles les possèdent, de s'en affranchir, et de chercher d'elles-mêmes à exécuter dans l'eau toutes les manœuvres possibles. Ainsi, rouler sur soi-même, tourner comme sur un axe qui traverserait du nombril au dos, ou d'un flanc à l'autre, ou du dos au nombril, entremêler toutes les manières de nager, se jeter à l'eau avec ses habits, porter dans l'eau des objets de plus en plus lourds; enfin se familiariser assez avec cet élément pour pouvoir dans l'occasion se tirer soi-même ou tirer son semblable d'un danger pressant.

On craignait beaucoup autrefois de se baigner durant la canicule, et beaucoup de personnes partagent encore cette crainte maintenant. C'est un préjugé qui se perd tous les jours, et qui n'a aucun fondement. Lorsqu'on veut se baigner dans l'eau froide, il faut attendre trois ou quatre heures après un repas, et ne jamais se mettre à l'eau tant qu'on est en sueur ; il pourrait en résulter de graves accidens. Lorsque la transpiration est bien arrêtée et qu'on commence à sentir le froid de l'air, on s'y plonge brusquement, afin d'éviter la sensation pénible que l'on éprouve dans la région du cœur, si l'on entre dans l'eau lentement. Il ne faut jamais se baigner dans un endroit inconnu, à moins de savoir fort bien nager. En général, il est bon de choisir un fond de sable fin qui vienne en s'élevant peu à peu sur le rivage, et toujours éviter les endroits où les berges sont à pic, parceque les courants y sont ordinairement très rapides, et qu'il est très difficile d'aborder. On doit aussi ne jamais nager dans les environs d'un courant trop violent, parcequ'on peut être entraîné, et que s'il se rencontre sur son passage un bateau, un train de bois ou un moulin, on courrait les plus grands dangers. Lorsqu'un nageur périt, c'est ordinairement par imprudence. Il n'y a qu'un coup de sang (apoplexie) qui puisse tromper toutes les prévisions, et encore nous conseillons aux tempéraments sanguins, apoplectiques, de ne jamais prendre de bains trop froids et de ne jamais nager en plein soleil ; c'est ainsi qu'elles éviteront presqu'à coup sûr l'apoplexie foudroyante.

On a attribué beaucoup de malheurs à des herbes qu'on disait envelopper les jambes et attirer les nageurs au fond de l'eau, cela est tout-à-fait impossible ; les herbes que l'on rencontre gênent, il est vrai, les mouvements, mais si un membre s'en trouve entouré, on les casse, ou on les fait glisser avec la main ; pour cela il ne faut que du sang-froid. Si, au contraire, lorsqu'on se sent pris par un membre on se met à se débattre et à faire des mouvements désordonnés, on épuise ses forces ; dans sa frayeur on respire pendant que la bouche se trouve dans l'eau, on en avale une certaine quantité, la frayeur augmente, et l'on s'évanouit ; c'est ainsi qu'on se noie la plupart du temps. Parmi les herbes que l'on rencontre dans l'eau, il y en a beaucoup dont les grandes feuilles rubanées sont garnies sur leurs bords de petites aspérités tranchantes

qui entament quelquefois assez profondément
la peau. Le meilleur moyen de les éviter consiste à nager sur le dos pour passer par-dessus.

Il y a quelques rivières où plusieurs courants secondaires forment en se rencontrant
des tourbillons qui dirigent au fond de l'eau
tout ce qui nage à sa surface. Si l'on a appro-
ché par mégarde d'un de ces tourbillons, et
qu'on se sente entraîné violemment par le
courant, il faut se laisser aller à l'impulsion de
l'eau, car elle ne vous entraîne que pour vous
rejeter plus loin, et lorsqu'on se sent déjà en
dehors du courant, on fait quelques brasses
énergiques et l'on s'en est bientôt éloigné.

Pour apprendre à nager en peu de temps il
faut d'abord entrer dans l'eau dans un endroit
où l'on en ait jusqu'à la ceinture ; dans l'eau
de mer de préférence, parceque sa densité
étant plus grande, on s'y soutient plus facilement. On se place à la distance de deux ou
trois pieds d'un but quelconque, un poteau, un
treillage auquel on puisse se retenir. Puis on
s'élance à la surface de l'eau, sans secousse,
sans mouvement, les mains dirigées en avant,
la tête entre les bras et dans l'eau, et les jam-

bes étendues et rapprochées, on se laisse glisser jusqu'à ce que les mains puissent atteindre
le but vers lequel on se dirige. Lorsqu'on a fait
cet exercice plusieurs fois et qu'on s'est un
peu familiarisé avec l'eau, on s'élance d'un
peu plus loin; et lorsqu'enfin on est trop loin
pour pouvoir arriver au but en s'élançant du
fond et en se laissant glisser à la surface de
l'eau, on donne un coup de jarret pour ache-
ver le chemin.

Pour bien donner le coup de jarret, il faut
bien se persuader que l'impulsion de la plante
du pied agit fort peu pour la progression du
nageur; c'est en rapprochant les cuisses qu'il
chasse l'eau en pressant sur deux plans incli-
nés, et qu'il avance le plus facilement; ses
cuisses agissent alors simultanément comme
la queue d'un poisson ou le gouvernail d'un
bateau à côté duquel il y en aurait un autre
qui ferait les mêmes mouvements.

Ainsi, lorsqu'on donne le coup de jarret, il
faut plier les genoux, puis étendre les jambes
en les écartant de manière à embrasser beaucoup d'eau; puis les rapprocher avec force,
mais avec régularité. C'est là le mouvement le

plus puissant dans la natation. L'action des mains est beaucoup moins importante. On répète ce coup de jarret autant de fois qu'il est nécessaire pour arriver au but, mais toujours avec lenteur. On ne le recommence que lorsqu'on voit que l'impulsion du précédent est épuisée. En s'éloignant ainsi toujours de plus en plus du but vers lequel on se dirige, on finit par ne plus pouvoir faire le trajet sans respirer; c'est alors seulement qu'on essaie de faire les mouvements des bras que je vais indiquer. Lorsqu'on veut respirer après avoir eu la tête dans l'eau, il faut bien se garder de le faire immédiatement; il faut chasser un peu d'air par le nez, assez brusquement pour le débarrasser de l'eau qui s'est introduit dans les narines, expirer le reste de l'air par la bouche, et ne reprendre haleine que lorsque le pourtour des orifices du nez et de la bouche n'est plus mouillé au point d'empêcher le passage de l'air. Si l'on ne prend pas cette précaution, on peut, en respirant brusquement, introduire de l'eau dans le larynx, ce qui pourrait suffoquer, ou au moins causer un accès de toux.

De la brasse.

La brasse est de tous les modes de natation celui dans lequel on peut obtenir la plus grande vitesse de progression avec le moins de fatigue. Presque tous les peuples de la terre emploient cette manière de nager.

Position du corps au moment du départ : les coudes touchant le corps, les mains rapprochées l'une de l'autre près de la figure, les jarrets ployés, les talons réunis près des fesses, et les cuisses à plat sur l'eau.

Première partie, impulsion ; premier mouvement : allonger mollement les bras en avant, et donner le coup de jarret bien écarté ; deuxième mouvement : rapprocher fortement les cuisses, les jarrets tendus, et mettre les mains à plat sur l'eau en les écartant. *Deuxième partie, respiration :* décrire un demi-cercle avec les bras en s'appuyant obliquement sur l'eau de manière à faciliter la respiration qui se fait en ce moment, ployer en même temps les jarrets, et rapprocher les talons des fesses ; lorsque les mains ont décrit le demi-cercle, elles se retrouvent, ainsi que les pieds, dans la position du départ.

La marinière.

C'est une modification de la brasse; seulement le nageur est légèrement penché sur le côté, le bras inférieur reste tendu en avant pour fendre l'eau et aider à soulever la tête par un mouvement de va-et-vient, pendant que le bras supérieur rase le corps dans toute sa longueur en s'appuyant sur l'eau afin d'avancer pendant que les cuisses reviennent sur elles-mêmes; on change alternativement de bras pour ramer. La marinière est une manière de nager assez rapide, mais plus fatigante que la brasse. On s'en sert surtout lorsque l'on veut franchir un courant, ou se diriger vers un objet quelconque que l'on puisse saisir avec la main qui est en avant.

La coupe.

La coupe est la manière la plus élégante de nager; elle est aussi la plus énergique et la plus rapide; on l'emploie surtout lorsqu'on veut se tirer d'un danger pressant; les grands efforts qu'elle nécessite contribuent beaucoup au développement de la poitrine ; mais c'est aussi la plus fatigante, il est impossible de l'employer longtemps.

Supposons pour position de départ le bras droit tendu en avant, le bras gauche en arrière, le long du corps, les jarrets tendus et les jambes rapprochées, la tête un peu enfoncée dans l'eau pour que le corps soit dans une position bien horizontale. La main droite exécute un double mouvement de *godille* ou d'aviron pour soulever la tête et laisser respirer. Après s'être portée en dehors, puis en dedans, elle passe rapidement sous la poitrine pour faire effort dans l'eau avant de sortir en arrière. Pendant ce temps, le bras de l'arrière se dégage légèrement de l'eau, et passe, tendu horizontalement, au-dessus de sa surface pour se porter en avant, en tenant la première phalange des doigts ployée, ce qui donne à la main une forme concave ; les jambes se rapprochent du corps au moment de la respiration, et, lorsque le coup de jarret se donne, la main de l'avant s'ouvre, et la tête se baisse. Tous ces grands mouvements nécessitent une dépense de force bien plus grande que pour la *brasse* et pour la *marinière*; la respiration en est très gênée, et l'essoufflement qui arrive bientôt empêche de continuer longtemps la *coupe*.

La brasse sur le dos.

C'est la manière de nager la plus facile et la moins fatigante, mais elle empêche de voir devant soi, et d'éviter ainsi les obstacles ou les dangers qu'on pourrait rencontrer. Choisir un endroit où l'on ait de l'eau jusqu'aux aisselles, se pencher en arrière les bras écartés jusqu'à ce qu'on perde l'équilibre, décrire un cercle avec chaque bras, et donner une impulsion au fond de l'eau avec les pieds : le corps surnage aussitôt ; on approche fortement des cuisses les deux bras, et l'on ramène les talons aux fesses ; on donne le coup de jarret au moment où les mains s'éloignent du corps en décrivant un demi-cercle pour aller chercher l'eau le plus en arrière possible.

La planche.

On commence comme pour la *brasse sur le dos*, et lorsque l'impulsion a fait surnager le corps horizontalement à la surface de l'eau, on étend les bras le long du corps, et on imite avec les mains les mouvements des nageoires latérales des poissons; les jambes sont étendues l'une contre l'autre ou croisées. Lorsqu'on a acquis par l'exercice l'habitude de faire bien agir les mains sans plier l'avant-bras sur le bras, on peut, avec cette manière de nager, remonter un courant assez fort.

On peut modifier de mille manières les différents types de natation dont nous venons de parler; ainsi l'on nage sur le ventre, les mains en avant, avec les pieds seulement; on se maintient verticalement sur l'eau par quelques mouvements de bras et de jambes à intervalles assez éloignés; en faisant la planche on peut donner des coups de jarret sans faire la brasse avec les mains.

Il y a encore une manière de nager usitée seulement chez quelques peuplades sauvages. C'est une imitation des mouvements des qua-

drupèdes dans l'eau ; on emploie ainsi beaucoup de force sans beaucoup de résultats ; les
mouvements précipités que l'on fait se nuisent
entre eux, et il faut beaucoup d'habitude de
ce genre de natation pour en tirer tout le parti
possible. J'ai vu des nègres qui remontaient
ainsi des courants rapides. Mais c'est toujours
une manière de nager fatigante et disgra-
cieuse.

Lorsque l'on veut *plonger*, il faut faire la
bascule la tête en avant, nager entre deux
eaux, et se diriger par des mouvements de
bras et de jambes bien réguliers vers le fond de
l'eau ; les yeux doivent être ouverts et distin-
guent assez bien les corps qui se trouvent à
peu de distance. Si l'on cesse de se diriger
vers le fond, la tête en bas, l'eau vous re-
porte très rapidement à sa surface. On peut
rester ainsi plus ou moins longtemps sous
l'eau. C'est beaucoup de rester une minute
sans air ; quelques plongeurs cependant ont
pu ne reparaître qu'après deux ou trois minutes.

Si l'on veut *sonder* seulement la profondeur
de l'eau, il faut, par de vigoureux coups de

jarrets, s'élever autant que possible au-dessus
de l'eau, puis se laisser aller à fond; le poids
du corps soulevé ainsi au-dessus de l'eau suf-
fit ordinairement pour lui communiquer l'impulsion nécessaire. On juge ainsi de la hauteur du liquide et de la nature du terrain qui
en forme le fond. On se jette à l'eau de toutes
les manières quand la hauteur du bord n'est
pas grande, mais quand elle excède un ou
deux pieds on donne, avec d'autant plus de
précaution que la distance à parcourir est plus
grande, un *pied devant* ou une *tête*. Pour se jeter
les pieds les premiers, il faut se lancer de manière à tomber dans l'eau bien verticalement,
la tête renversée en arrière et les jambes rapprochées l'une de l'autre; si l'on ne prend pas
ces précautions, le choc de l'eau sur les testi-
cules ou dans les narines peut être très douloureux.

Pour se jeter la tête la première, il faut
choisir un endroit suffisamment profond, et se
lancer obliquement de manière à décrire en
l'air une courbe et à tomber dans l'eau en pré-
sentant le moins de surface possible; les mains
doivent être appliquées l'une contre l'autre,

et la tête entre les bras. Si le coup de jarret donné en s'élançant de terre est trop fort, on tombe à la renverse et l'on donne un *plat-dos* ; si l'élan n'a pas été assez fort on tombe sur la figure ou sur la poitrine, ou sur le ventre (plat-ventre). Si les cuisses ne sont pas bien étendues de manière à présenter le moins de surface possible à l'eau, on reçoit un choc sur le devant des cuisses (plat-cuisses). Dans toutes ces positions irrégulières, le choc de l'eau est assez douloureux pour causer instantanément une rougeur vive et quelquefois même un évanouissement, si le choc a lieu sur toute la partie antérieure du corps bien perpendiculairement.

Nous prions ceux de nos Souscripteurs qui trouveraient des inexactitudes dans la Statistique, de nous en prévenir ; le succès de cette première édition nous engage à réunir déjà maintenant tous les matériaux de la seconde, pour laquelle la Statistique sera vérifiée dans ses plus petits détails, et considérablement augmentée.

ABRÉVIATIONS

EMPLOYÉES DANS LA STATISTIQUE.

B. . . . . Bains chauds.
Min. . . . . Minérales.
S. ou sulf. . . . . Sulfureuses.
F. ou ferr. . . . . Ferrugineuses.
Therm. . . . . Thermales.
Acid. . . . . Acidules.
G. ou gaz. . . . . Gazeuses.
Sal. . . . . Salines.
Purg. . . . . Purgatives.
Alc. . . . . Alcalines.

TABLEAU STATISTIQUE

ou

INDICATEUR GÉNÉRAL

DES ÉTABLISSEMENTS DE BAINS ET SOURCES MINÉRALES
DE FRANCE ET DE L'ÉTRANGER.

PAR B***.

———

AIN. — *Trévoux*. Bain Roberjot. Sources ferrugineuses à Bellay, Ceyzériat, Pont-de-Vesle.

AISNE.—*Château-Thierry*. B. Ducorbier. Sources minérales à Beaurain, Braisne, Bruyéres, Château-Thierry.

ALLIER. — *Moulins*. B. de vapeur, Bernard. Eaux min. artif., Chomet. *Montluçon*. B. Moussy. *Cusset.* B. Bonin. Eaux min. acid. therm., à Bourbon-l'Archambault, Vichy, Fonfort. Min. sal., Néris, acidulées froides, à St.-Pardoux, Hauterive, Moulins. Minér. ferrug., la source Jonas à Bourbon-l'Archambault.

ALPES-BASSES. —Eaux min. therm. sulfureuses à Digne, Gréoulx.

ALPES (HAUTES). — Eaux min. à Argenson, Larague, Mont-Dauphin, Plan-de-Phasy, St.-Monestiers, Queys, St.-Étienne-en-Dévoluy, St.-Firmin, St.-Pierre.

ARDÈCHE. — Eaux minér. salines thermales, à Aysac, Bourg-St.-Andéol, Choilard, Desaigue, Entraigues, Fouzet, Genestelle, Jaujac, Joyeuse, Mayres, Privas, Mont-Pezat, St.-Laurent-les-Bains, Vals.

ARDENNES. — Sources minérales, à Layfour.

ARIÉGE. — *Pamiers.* B. Larue. Eaux min. sulfureuses thermales, à Audinac, Ax, Ussat. Ferrug. froides, à Saint-Guilerée. Salines therm. à Foncirque.

AUBE. — *Troyes.* B. Cardot. Chanté, Mensy, Petit. *Les Riceys.* B. Royer fils. *Nogent-sur-Seine.* B. Broussey. Sources min. froides ferrug., à la Chapelle-Godefroy.

AUDE. — *Narbonne.* B. Lafont. Eaux min. ferrug. acidul. therm., à Aleth, Campagnes, Fourtou, Ginoles, Issel, Pariols, Rennes.

AVEYRON. — *Rhodez.* B. Azémar, Brugnière, Burcq. *Villefranche.* B. Rollan. Gaz. sal., Camarès, Cransac, Sylvanès.

BOUCHES-DU-RHÔNE. — *Marseille.* B. boul. Dumuy, Trois-Journées, rue du Baignoir, Montaux, Vacou, Paradis, Senac; Cours du Chapitre. B. de mer à *Aren;* de sable, à *Mont-Redon. Aix.* B. Maillil

Renaud. *Salon.* B. Vaisse. *Tarascon.* B. Héraudin.
Eaux thermales, *Aix. Arles*, Camoins.

CALVADOS. — *Caen.* B. Dubois, Foisel, Lair-D.
Lisieux. B. Loir. *Orbec.* B. Guillot. *Honfleur.*
B. Berthe. *Condé-sur-Noireau.* B. Laval. Sources
minér. ferrugin. froides, à Brucourt, Cernières, La
Rivière.

CANTAL. — *Aurillac.* B. Maisons, Perret, Ségui-
gnol, Verdier. Eaux minér. salines thermales, à
Chaudes-Aigues. Acidulées froides, à Ste-Marie,
Fontanes, Vic-S.-Cère. Ferrugineuses froides, à
Conches, Labastide et autres petites sources.

CHARENTE. — *Angoulême,* B. Benassi, Martin.
Confolens. B. Duzard. *Ruffec.* B. Héraud. Eaux min.
salines froides, à Abzac, près Confolens, à Availles.

CHARENTE-INFÉRIEURE. — *La Rochelle.* B. Veuve
Guillemet. B. de mer. *Jonzac.* B. Lacour. *Ton-
nay.* B. Rousset. *Saintes.* B. Coutanseaux aîné.
Sources min. à Archingeay, La Rouillasse près
Soubise, Pons, Montendre.

CHER. — *Bourges.* B. Labonne, Moulin, Moreau.
Vierzon-Ville. B. Germain. *St.-Amand.* B. Gué-
my, Rouzier. Sources min. à Bourges, Genouilly-
de-Grandmont.

CORRÈZE. — *Tulle.* B. Ventejoul. *Ussel.* B. Hôtel
Notre-Dame. Eaux min. sal. froides, à Bétailles.

CORSE. — *Bastia.* B. Veuve Lesur. Eaux min.

sulfur. thermales, à Pietra-Pola. Eaux sulfur. froides à Puzzichello. Acidules froides, à Orezza, Saint-Antoine-de-Guagua, Caldanicia.

CÔTE-D'OR. — *Dijon.* B. Place Charbonnière, place royale, faub. d'Ouche, 2 ; faub. Reine, 3. *Auxonne.* B. Phal. *Beaune.* B. Champonnais, Grozelier, Séguin. *Arnay-le-Duc.* B. Mutin. *Seurre.* B. Vaucherot. *Châtillon-sur-Seine.* B. Chauvelot, Eaux minér. salines froides, à Santenoy, Ste-Reine, Prémeaux.

CÔTES-DU-NORD. — *Saint-Brieuc.* B. Veuve Fontaine. *Dinan.* B. Leroux. *Guingamp.* B. Guétrot. Eaux min. froides ferrug. à Chenay, Dinan, Paimpol, Saint-Brieuc, Lamballe, Lannion, Moncontour, Quite, Tréguier.

CREUSE. — *La Souterraine.* B. Thévenot. *Aubusson.* B. Grellet. *Felletin.* B. Brégère, Coniérat. *Bourganeuf.* B. Pasquet. *Boussac.* B. Montvoisin. Eeaux min. salines therm., à Évaux.

DORDOGNE. — *Périgueux.* B. Campagnac, Magne, Meynadier, Simon. *Terrasson.* B. Chabroly. Eaux min. à Panasson. Ferrug. froides à Seneuil, près de Ribérac.

DOUBS. — *Besançon.* B. Bouvier, Mathey. *Montbéliard.* B. gradués. Eaux min. sulfureuses froides, à Guillon, près de Beaune, Arc, Chaude-Fontaine, Senans. Marais salans à Audeux, Soulce.

DRÔME. — *Valence.* B. Perrin. *Montélimart.* B. Mariton. Eaux min. ferrug. froides à Dieu-le-Fit. Sulfur. froides, à Montbrun, Aurel, Châtillon, Die, Merindol, Montélimart, Pont-de-Barret.

EURE. — *Evreux.* B. Lemesle. *Verneuil.* B. Agis. *Vernon,* B. Mercier. Eaux min. ferrug. froides, aux Andelys, au Bec, à Breteuil, Cerciers, Vaux, Conches, la Guéroulde, Houdonville, Pont-Audemer, St.-George de-Vièvre, Verneuil.

EURE-ET-LOIR. — *Chartres.* B. Alaire, Goussard. *Illiers.* B. Silly. *Dreux.* B. Favard. Sources min. froides, à Chartres, Laferté-Vidame, Pont-Goin.

FINISTÈRE. — *Brest.* B. Hugot, Jaffézie. *Morlaix.* B. Lapersonne, Lemaître. *Quimperlé.* B. L'Hospice. Sources min. froides, à Châteaulin, Koal.

GARD. — *Allais.* B. Tastevin. *Anduze.* B. Miergues. Eaux min. ferrug. froides à Allais, Fonsanches, Auzon, Barjac, Euzet, Mont-Fini, Nîmes, Pomaret, Servaz, Uzès, Vergez.

GARONNE (HAUTE-). — *Toulouse.* B. de vapeur, Cany. Sulfureux fumig. Delpont, Latour, Murel, Sabàtier. Eaux minér. sulfureuses therm., à Bagnères-de-Luchon. Acidules, à Aspet, Encausse près St.-Gaudens. Salines therm., à Labathe-Rivière, près St.-Gaudens, à Barbazan. Ferrug. froides, à Ste-Magdelaine-de-Flourens.

GERS. — *Lectoure.* B. L'Hospice. Eeaux min. sulfureuses therm., à Castera-Verduzan, · Salines therm. et boues, à Barbotan, Lavardens.

GIRONDE. —*Bordeaux*. B. du Chapeau-Rouge, des Chartrons ; des rues la Course, Désirade, 17 ; du Cloître, 18 ; Gouvion, 25 ; palais Galien, 5 ; Ségalier, 25 ; de Ségur, 4. *Bazas*. B. Salviat. *Blaye*. B. Bitaubec. *Libourne*. B. Sciandro. Bains de mer du 1er juillet au 1er octobre, à d'Arcachon. Source min. à Bordeaux. Eaux therm. ferrug., à la Rode.

HÉRAULT. —*Montpellier*. B. Chabrier, George, Roch. *Cette*. B. de mer. *Lodève*. B. Bérard, Bernadoux, Brunet, Fine. *Clermont*. B. rue St.-Dominique. *St.-Pons-de-Tomières*. B. Thomassin. Eau min. salines therm., à Avesnes, Balaruc. Acidules therm., à Lamalou, Foncade, Gabian, Lavernière, La Magdelaine.

ILLE-ET-VILAINE. — *Rennes*. B. Autin, rue Baudrairies ; Briand, rue Basse ; Lecapus, rue St-Gervais ; Hiraux, Champ-de-Mars, Lessard, Tallandier, pont de Viarm. *Montfort-sur-Meu*. B. Lebret. *St.-Malo*. B. de mer, Doley. Sources min., à Dinan, Dol, Fougères, Guichen, St-Jonan, St-Servan, St-Suliac, Vitré.

INDRE. — *Châteauroux*. B. Lucas, Pigny, Rouaut. *Le Blanc*. B. Beaulu. Source min. ; eau sulfureuse, à Azay-le-Ferron.

INDRE-ET-LOIRE. — *Tours*. B. Houtin. *Amboise*.

Sources min. froides, à Château-Lavalière, Samblançay, Vallère, Veigné.

ISÈRE. — *Grenoble.* B. Brun, Monin, Rechetard. *Voiron.* B. Coche. *Vienne.* B. Zacharie. Eaux min. sulfureuses froides, à Allevard, Uriage. Salines, B. Mondain. *Bléré.* B. Avenet. *Chinon.* B. Roy. therm., à Lamotte-St-Henraye, Lamotte-St-Martin.

JURA. — *Lons-le-Saulnier.* B. Bouvier, Robert. *Poligny.* B. Villermont. *Arbois.* B. Dorgeon, Jaillet. Eaux min. salines froides à Jouhe.

LANDES. — Eaux min. salines therm., à Dax, Tercis. Salines froides, à Pouillon, Prechac, Saubuse. Sulfureuses froides, à Gamarde.

LOIRE. — *Roanne.* B. Potel. Eaux min., Pitre. *Le Chambon.* B. Thomas. *Firminy.* B. Lambert. Eaux min. acidules therm., à Saint-Alban. Saint-Galmier. Acidules froides, à Montbrison, Sail-sous-Cousan, Crémieux, Feurs, Sail-Andouzy.

LOIR-ET-CHER. — *Blois.* B. Lauve. *Romorantin.* B. Doin. *Vendôme.* B. Boutin ; de vapeur, Chéron. Eaux min. froides, à Château-Lavalière, St-Denis, St-Dié près Blois, Vieuvy-le-Rayé.

LOIRE (HAUTE). — Eaux min. à Langeac. Acidules froides, à Auzon, Azerat, Bas, Felines, Prades, St-Didier.

LOIRE-INFÉRIEURE. — *Nantes.* B. Bertin, Richebourg, petite Hollande, quai Turenne, Duguay-Trouin, rue Lafayette. *Châteaubriant.* B. Gautron. *Paim-bœuf.* B. Jullien. *Guérande.* B. Bellon. Eaux min. froides à Barberie, Verton, Forges, Pornic, La Plaine.

LOIRET. — *Orléans.* B. Argy, Desmarquais, Loute, Salle. *Gien.* B. sur la Loire. *Pithiviers.* Augas. Eaux min. ferrug. froides, à Ferrière, Noyers, Segray, Beaugenci, Châteauneuf, Orléans, Saint-Goudon.

LOT.— *Cahors.* B. Bauty, Eyma. *Figeac.* B. Puel. Eaux min. salines froides, à Bio, Gramat, Miers. Ferrug. froides, à Bagnères-Saint-Félix.

LOT-ET-GARONNE. — *Agen.* B. Pons, Rogues. *Port-Ste-Marie.* B. Brisson. *Nérac.* B. Menjoulet. *Villeneuve.* B. Delmas. Eaux min. à Gratteloup.

LOZÈRE. — *Mende.* B. Durand. *Marjevols.* B. Poussier. Eaux min. sulfur. therm., à Bagnoles, La Chaldette, Florac, Hispanhac, Javols, Quézac, St-Léger, De Peyre, St-Pierre-le-Vieux, etc.

MAINE-ET-LOIRE.— *Baugé.* B. Delouche, Priou. *Saumur.* B. sur la Loire. Eaux min. salines froides, à Martigné-Briant, Angers, Chaudefond, Chaumont, Chemillé, Durtal, Montigné, St.-Germain, Soucelle.

MANCHE. — *Saint-Lo.* B. Dubois, Margueray. *Avranches.* B. Affichard, Gilbert. *Cherbourg.* B. Cuman. *Coutances, Granville.* B. de mer, Desprez. *St.-Hilaire-du-Harcouet.* B. Jouenne. Eaux min. ferrug. froides, à Briquebec, Avranches, Beuvrigny,

Boisyron, Cerisy, Chaulieu, Cherbourg, Coutances, Dragey, La Haye, Saint-Lo et autres.

MARNE. — *Reims.* B. Mangin, Rolland, Santerre. *Ste-Menehould.* B. Pancheron. Eaux min. ferrug. froides, à Ambonay, Germinse, Reims, Vitry-le-Français, Sermoise.

MARNE (HAUTE-). *Langres.* B. Boudeville. Eaux min. salines therm., à Bourbonne-les-Bains. Ferrugineuses froides, à Attancourt, La Rivière.

MAYENNE. — *Laval.* B. Gabriel, Dulaurent. *Château-Gontier.* B. Abaffour. *Mayenne.* B. Clément, Picquet. Sources min. à Chantrigné, Château-Gontier, Gérusay, Saint-Jean-sur-Maine.

MEURTHE. — *Nancy.* B. Betis, Hôtel-Royal, Semitz. *Pont-à-Mousson.* B. Bernard, Colin. *Lunéville.* B. Fosset, Germain, Prevost. *Toul.* B. Dufresne, Laurent. Eaux min. ferrug. froides à Nancy. Agincourt, Pont-à-Mousson, Thoul, etc.

MEUSE. — *Bar-le-Duc.* B. Husson, Maupas. *Commercy*, B. Chevalier. *Vaucouleurs.* B. Verdet. *Stenay.* B. Baudson, Charpentier. *Verdun.* B. Burthé. Eaux min. à Savonnières.

MORBIHAN. — *Lorient.* B. Durand, Faligant, Garnier, Segand. Eaux min. ferrug. froides à Boitier, Hennebon, Loyat, Pargo, Pontivy.

MOSELLE. — *Metz.* B. Herment, Remlinger, Remy. *Briey.* B. Blanchefort, Schneider. *Thionville.* B.

Lelong. Eaux min. salines therm. à Forbach, Chandelbourg, Platteville, Saint-Avod.

NIÈVRE. — *Nevers*. B. Bompois, Saint-Éloy. *Decize*. B. Saulnier. *Château-Chinon*. B. Blin. *Clamecy*. B. Duret, *Lormes*. B. Guilletat. Eaux min. acidules froides à Pouges, Saint-Parize; salines therm. à Saint-Honoré.

NORD. — *Lille*. B. au Cirque, au Ramponneau, rue Basse. *Landrecies*. B. Poulet. *Maubeuge*. B. Fabre. *Cambrai*. B. Lemaître. *Dunkerque*. B. Descamps, Willay. *Valenciennes*. B. Boulard, Dutemple. *Condé*. B. Froment. Eaux min. à Saint-Amand; ferrug. froides à Feron.

OISE. — *Compiègne*. B. Biscuit. *Noyon*. B. Fauveau. *Senlis*. B. Rouyer, Salmon. *Pont-Sainte-Maxence*. B. Gault. Eaux min. ferrug. froides à Bauvais, Verberie, Ansenil, Mareuil, Trie-le Château.

ORNE. — *Argentan*. B. Chable, Menager. *Ecouché*. B. Cordier. *Gacé*. B. Mainet. *Domfront*. B. Rables. *Laigle*. B. Cubain. *Bellème*. B. Courapied. Eaux min. salines therm. à Bagnoles; ferrug. froides à Bellème, Courtomer; ferrug., Fontaine Barthélemy, près d'Alençon; — du Curé, à Saint-Néard-de-Coulonge; — Dufay, près de Couterne et des eaux sulfureuses de Bagnoles; — de l'Épine, près de Mortagne; — de Gauville, en Gauvillois; — du Breuil, à Moulins-la-Marche; — de la Ferrière-Béchet; — d'Iray; — du Hamel, près Brullemail; — de la Bècheviere, près de la précédente; — de la Herse, dans la forêt de Bellème; — de Larré; — de Saint-Evront-en-Ouche; — de Rânes, près du château du prince de Broglie; — de Saint-Sautin, à deux lieues de Laigle; — Octavie, près de la Sauvagère, dans la forêt d'Andaine.

PAS-DE-CALAIS. — *Béthune.* B. Leclercq, Lemoine. *Boulogne.* B. de mer (voir la notice à la fin du recueil). *Calais.* B. hôtels : Bourbon, Bourbon-Condé, Dessin, Quillacq; B. de mer. *Aire.* B. Barbay. Eaux min. ferrug. froides à Boulogne, Desvres, Saint-Pol, Wierre-au-Bois.

PUY-DE-DÔME. — *Clermont-Ferrand.* B. Botte. *Riom.* B. Biton, Bonin, Fournier. Eaux min. sulf. therm. à Vernet; acidules therm. à la Bourboule, Châteauneuf, Châtelguyon, Clermont-Ferrand, Mont-Dore, Saint-Marc, Saint-Nectaire; acidules froides à Bar, Besse, Châteldon, Médague, Pont-Gibaud, Vic-le-Comte, Mont-Cornador, Saint-Moyon, Sainte-Marguerite, Sainte-Marie, Tambour.

PYRÉNÉES (BASSES-). — *Pau.* B. Barreau. *Nay.* B. Lamarque. *Bayonne.* B. Mainvielle, Paulmy, Pont-Mayon. Eaux min. sulf. therm. à Aas, Aiguescaudes, Cambo, Oloron, Orthez. Eaux-Bonnes, Luchon. Bains de mer, plage de Biorritz, près de Bayonne.

PYRÉNÉES (HAUTES-). — Eaux min. sulf. therm. à

Baréges, Saint-Sauveur, Cadéac, Labassère; salines therm., à Bagnères-de-Bigore, Capvence, Cauterets, Sainte-Marie, Syradan.

PYRÉNÉES-ORIENTALES. — *Perpignan*. B. Fages, Rousselet. *Céret*. B. Bousquet. *Les Bains*. B. thermaux. Eaux min. sulf. therm. à Arles, Escaldas, Molitg, Lapreste, Thuez, au Vernet, Vinca; ferrug. à Conat, Couchous, Estoher, Gloriannes, Mont-Louis, Nohèdes, Perpignan, Sahila, Urbanya, Valniagne, Vinça. Gaz:, Olette, Collioure, Corneilla, Err, Forcéral, La Roque, Montner, Saint-Martin-de-Fenouilla, Sorède, Neffiach, Saint-Paul-de-Fenouilhèdes, Salcés, Tautavel.

RHIN (BAS-). — *Strasbourg*. B. Saint-Guillaume, près le pont de ce nom (voir la notice à la fin du recueil) et cinq autres établissements de B. *Haguenau*. B. Adriane, Vaucher. *Barr*. B. le Buhl. *Wissembourg*. B. Heintz, Koeblin, Schaeffer. Eaux min. alcalines à Brumath, Wasselonne; salines therm. à Niederbonn, Soultz-les-Bains; salines froides à Rosheim.

RHIN (HAUT-). — *Colmar*. B. Heimann, Hosmann, Kiener. *Sainte-Marie-aux-Mines*. B. Jacquemin, Ortlieb. *Mulhouse*. B. Kofmeister. *Belfort*. B. Bader, Beck, Dorveaux. *Cernay*. B. Bordes. *Thann*. Stamm: Eaux gaz. ferrug., à Watwecler, Sultzmatt.

RHÔNE. — *Lyon*. B. Blanc, rue Saint-Marcel, 14;

Bovet , rue Saint-Dominique , 8 ; Henri, rue Charité, 4 ; Perret, quai Saint-Antoine, 31. *L'Arbresle.*
B. Dubost. *Tarare.* B. Balmon, Bouvier. Eaux min.
ferr. froid. à Charbonnières, Quinclé, Oully, Orliénas.

SAÔNE (HAUTE-). — *Vesoul.* B. Parent. *Luxeuil.*
B. divers. Eaux min. salines therm. à Luxeuil, Vesoul, Soulnot, Scey-sur-Saône. Saline à Gouhenans.

SAÔNE-ET-LOIRE. — Eaux min. salines therm. à
Bourbon-Lancy, Creuzot, Davayé, Leyne, Pierreclos,
Sailly.

SARTHE. — *Le Mans.* B. Folliot, Fromentin, Lemercier, Lonchamps, Lusson. *La Flèche.* B. Bouteville , Gillot. *Mamers.* B. Juchereau. *Saint-Calais.* B. Vérité. *Château-du-Loir.* B. Fayot.
Eaux min. ferrug. froides à Ruillé; autres sources à
Atnay, Challes, Precillé-le-Chétif, La Suze, Salie,
Saint-Georges-du-Plain, Saint-Remy-les-Bois.

SEINE. — BAINS DE PARIS. — Tivoli, 102 (voir la
notice à la fin du recueil. — MM. Aubry, faubourg
Montmartre, 18; — Azur, rue Montmorency, 3 , au
Marais; — Madame Arnoud, rue de Courcelles, 106;
— MM. Beurier, rue Hauteville, 26;— Bernard, rue
Babylone, 7; — Bemelmans, rue des Beaux-Arts, 3
bis;—Brimeur, faubourg Saint-Honoré, 30;—Boulu,
rue de la Pépinière, 11;— Berton, rue Saint-Antoine,
155;— Berton, rue Notre-Dame-des-Victoires, 16;—
Berthon , rue Saint-Honoré , 123 ; — Berthon, rue

Poissonnière, 33 ; — Berteau, rue Saint-Marc, 16; — Madame Bellard, place Fidélité, 6 ; — MM. Caulet, rue Verte, 30; — Cabanes, rue Tarane, 12; — Cannet, rue des Fossés-Saint-Bernard, 20; — Changey, rue du Cloître-Saint-Jacques-l'Hôpital , 3; — Chaumier, rue des Quatre-Vents, 18; — Chabrouillé, rue Samson, 3 ; — Collot, rue du Colysée, 19 ; — Colombe, rue du Paon-Saint-André, 8; — Coquerel, rue des Noyers, 33; — Delibes, rue du Marché-Saint-Honoré, 29; — Deligny, quai d'Orsay, École de Natation; — Duchemin, rue des Martyrs, 24; — Dolly, rue de Rivoli , 24 ; — Deligny, rue Neuve-des-Mathurins, 41; — Dudant, rue de la Victoire, 36; — Delatour, faubourg Poissonnière, 28; — Descouy, rue Thiroux, 5 ; — David, rue de la Michodière, 16; — Delatour, rue de la Chaussée-d'Antin, 46; — Duperray, cité d'Orléans; — David, Boulevard des Italiens, 25; — Emery, rue Saint-Dominique, 152; — Fougerolle, rue de Sèvres, 11; — Fougerolle, rue Saint-Lazare, 74; — Félix, rue du Temple, 94; — Fratin, rue Basse-du-Rempart, 62 ; — Gay fils , boulevard du Temple , 3 ; — Gruat, rue Popincourt , 53 ; — Gacaille , rue du Bac , 77 ; — Gerfaud , rue Croix-des-Petits-Champs , 37 ; — Giroust, impasse des Feuillantines, 1; — Gublin, faubourg Saint-Denis, 36; — Gasselin , rue de Chaillot , 42; — Lebas , rue Saint-Thomas-du-Louvre , 38 ; — Lescouvé, rue du Perche, 5; — Leriche, rue des Fossés-Saint-Bernard, 30;—Lefèvre, Faubourg Montmartre 4;— Lecœur, rue Montholon , 26 ; — Lallemand , boulevard Sainte-Marie, 7;— Lagrous, rue Crussol, 21; — Lecourt, quai d'Orsay, 31;— Lagraiy, rue Montmatre, 133 ; — Lecomte, rue du Mail, 23 ; — Liébeau, rue Beaujolais , 14 ; — Magny, rue Beaujolais-Palais-Royal, 7;— Massé, faubourg du Temple 15; — Mathieu, rue Vendôme, 4; — Meunier, faubourg Montmartre, 58;— Millet, rue Saint-Honoré, 373;—Mouret, rue des Boucheries-Saint-Germain, 49 ; — Mouton, rue du Bouloi, 8;—Maturel, rue Tirechappe, 10; Nœl, rue Tiquetonne, 18;—Normand, quai Béthune, École de natation;— Ouarnier, École des dames , rue de Lille, 77;— Pagne, rue de la Bûcherie, 15;— Perrin, rue des Colonnes, 7;—Perrault, faubourg Saint-Antoine, 3 ; — Potel, rue du Temple, 57 ; — Potel, rue Sainte-Avoye, 36;— Pottée, quai de la Mégisserie, 38;— Madame Préau, rue Neuve-Saint-Jean, 7 ; —MM. Puteau, boulevard extérieur de Monceaux, 4; — Richefeu, passage du Saumon;— Roussel, passage Sainte-Croix-de-la-Bretonnerie , 13 ; — Tardy, rue Culture-Sainte-Catherine, 15;— Tara-le-Prince, passage Brady ; — Teissier, rue Saint-Lazare, 102 ; — Trefcon, quai de Billy, 2 *bis;*— Bains : d'Aligre, rue Saint-Honoré , 123 ; — Néothermes , rue de la Victoire; 48;— rue Saint-Martin , 231 ; — faubourg du

Roule, 14; — faubourg Montmartre, 10 ; — rue des Noyers, 33.

Bains de la Banlieue. — *Auteuil*. Màison de santé Mouchy. — *Batignolles-Monceaux*. MM. Jège; — *Belleville*. Jacques, Gublin ; — *Bercy*. Beauclos, rue de Soulages, 12 ; — *Boulogne*. Sentier ; — *Charenton-le-Pont*. Martin ; — *Colombes*. Boc-Saint-Hiláire; — *Choisy-le-Roi*. Mattles frères ; — *Clichy-la-Garenne*. Marty ; — *Grenelle*. Boudin, Cournol; — *Ivry*. Ferran ; — *La Chapelle*. Luys ; — *La Villette*. Eyrot; — *Montmartre*. Charton, madame veuve Gorget; — *Montreuil-sous-Bois*. Fontaine; — *Neuilly*. Coura ; — *Nogent-sur-Marne*. Feuillet ; — *Passy*. Jupin; — *Petit-Montrouge,* Gravier; — *Puteaux*. Colase; — *Saint-Denis*. Cassin; — *Saint-Maur-des-Fossés*. Boudet; — *Ternes*. Thouret. Eaux min. ferrug. froides à Passy.

Seine-et-Marne. — *Melun*. B. Rondet. *Meaux*. B. Olin, Fèste. *Brie-Comte-Robert*. B. Mauduit. *Fontainebleau*. B. Maréchaux, Fontaine, Louvet. *Ferté-sous-Jouarre*. B. Verneuil. *Lizy-sur-Ourcq*. B. Boullanger. Eaux min. fer. fr. à Provins; autres sources à Château-Landon, Condé-la-Ferté, Merlange.

Seine-et-Oise. — *Versailles*. B. Horner, Jobert; Tourneux. *Meulan*. B. Macé, Rebaud. *Saint-Germain-en-Laye*. B. Damant, Gorce. *Etampes*. B. Auclaire, Lefebvre. *Pontoise*. B. Huart. *Beau-*

mont-sur-Oise. B. à l'hospice. *Dourdan.* B. Leduc.
Sources froides : Enghien, Montferrant, Montlignon.

Seine-Inférieure. — *Rouen.* B. Abreuvoir Mont-
Riboudet, boulevart Cauchoise, 23 ; quai aux Meu-
les, 4 ; quai du Grand-Cours, quai d'Harcourt, Tivoli, îles Lacroix, du Petit-Guay ; Rameau, quai
Saint-Severs, 13, entre les deux ponts. *Dieppe.* B.
de mer. *Havre.* B. rue du Grand-Croissant, Fras-
cati. *Ingouville.* B. Bredard, Breton, Ducreux,
Martin. Eaux min. ferrug. acidules therm. à Forges ;
ferrug. froides à Aumale, Bléville, l'Épinay, Gournay, Quiévrecourt, Rouen.

Sèvres (Deux-). — *Niort.* B. Juin. *Bressuire.*
B. Chauvan. *Melle.* B. Bordier, Lefauconnier.
Parthenay. B. Voilleau. Eaux min. salines therm.
à Bilazay, Combraud.

Somme. — *Amiens.* B. Binard, Delalande, Neveu,
Paget, Thuillier. *Roye.* B. Coulon. Sources min.
à Abbeville, Amiens, Roye, Saint-Esprit.

Tarn. — *Alby.* B. Pectavi, Reynal. *Gaillac.* B.
Thomas. *Rabastens.* B. demoiselle Seguière. Eaux
min. sulfureuses froides à Trébas.

Tarn-et-Garonne. — *Montauban.* B. Milliet,
Orcival, Poux. *Beaumont-de-Lomagne.* B. Saint-
Gex. *Valence-d'Agen.* B. Dagène.

Var. — *Lorgues.* B. Delaval. *Grasse.* B. Court.
Toulon. B. Aicard, Bernard, Mège, Rouvier, Terrin.

VAUCLUSE. — *Avignon.* B. Brun , Hermitte, Lapierre, Poulain. *Cavaillon.* B. Boussot. *Carpentras.* B. Allibert, Comtat. *Orange.* B. Vieumaire. Eaux min. sulf. froides à Aurel, Carpentras, Gigondas, Montmirail, Sault, Vacqueyras, Velleron.

VENDÉE. — *Bourbon-Vendée.* B. Musseau. Eaux min. ferrug. froides à Fontenelles; autres sources à Boisse , Cugan , Mortagne , Pouzanges, Réaumur, Treize-Vents.

VIENNE. — *Poitiers.* B. Guignard, Mathé, Ricordeau. *Châtellerault.* B. Orillard, Pelletier. Eaux min. sulf. froides à la Roche-Posay; salines froides à Aveilles, Bournon, Candé, Cernay, Mirebois, Saint-Laon, Trois-Moutiers.

VIENNE (HAUTE-). — *Limoges.* B. Besse, Reix, Théodore. *Rochechouart.* B. Élie. *Saint-Julien.* B. Courant. *Saint-Yrieix-la-Perche.* B. Pauzat.

VOSGES.—*Epinal.* B. Bidot, Dupré, Joly. *Neufchateau.* B. Brand, Genin. *Saint-Dié.* B. le Petit-Saint-Dié. Eaux min. salines therm. à Bains, Plombières; ferrug. froides à Saint-Dié; acidules froides à Bussang, Contrexeville, Rambervillers.

YONNE. — *Joigny.* B. Gault , Jeanniot. *Villeneuve-le-Roi.* B. Bergerat. *Sens.* B. à Saint-Didier. *Tonnerre.* B. Dubreuil, Rousseau. Sources min. ferrug. froides à Appoigny, Diges, Echarlin, Neuilly, Pourrain, Toucy.

Nota. — Le peu d'espace dont nous avions à disposer pour ne pas augmenter le prix du *Manuel du Baigneur* n'a pas permis à l'auteur de parler de tous les appareils de bains déjà sanctionnés par l'usage ou inventés dans ces derniers temps ; dans la prochaine édition, ils seront tous soumis à un examen consciencieux ; les détails de leur construction, la manière d'en faire usage, leurs avantages, leurs inconvénients, tout sera pesé et apprécié à sa juste valeur. En attendant, ceux des souscripteurs qui désireraient un appareil quelconque et qui ne sauraient à qui s'adresser pour s'en procurer, peuvent écrire *franco* à l'éditeur, qui se fera un plaisir de leur expédier tout ce qui a rapport à cette partie ; et cela, gratuitement et dans le seul but de rendre service à ses souscripteurs.

AVIS.

Bains de Tivoli, nº 102, à Paris.

Cet établissement, le plus beau qu'il y ait en Europe, a l'avantage d'éviter aux malades de Paris la nécessité d'aller chercher au loin et à grands frais une guérison incertaine, et permet aux malades de la province et de l'étranger de suivre, sous les yeux des plus célèbres médecins de la capitale, le traitement qui leur est prescrit.

On trouve à Tivoli toutes les espèces de bains de Barrège, de Plombières, de Vichy; bains d'iode, d'eau de mer, gélatineux, émolliens, de son et d'amidon; bains parfumés, bains de lait, bains russes, orientaux, de vapeurs simples ou composées, en caisse; douches gélatineuses, ascendantes, aromatiques, fumigations sulfureuses, cinnabrées, etc.

Les malades logés à Tivoli jouissent, loin du bruit de la ville, de l'air le plus pur et de tous les agréments de la campagne dans un magnifique jardin dessiné à l'anglaise.

Pendant la mauvaise saison, de grandes galeries vitrées, chauffées par des calorifères, préservent les malades de l'impression de l'air extérieur, et offrent aux convalescents un lieu de promenade fort agréable.

Un excellent restaurateur demeure dans l'établissement.

Un pédicure est attaché à la maison.

Chaque malade se fait traiter par un médecin de son choix.

Un des meilleurs pharmaciens de Paris fabrique toutes les eaux minérales de Tivoli, dont la réputation est européenne.

Les malades qui veulent loger dans ce bel établissement font bien de s'adresser un peu d'avance, par lettres affranchies, à M. le Directeur, n° 120, rue Saint-Lazare.

———

Bains Saint-Guillaume, près le pont de ce nom, non loin du débarcadère des bateaux à vapeur, à Strasbourg.

Cet établissement, entièrement restauré à neuf, est situé dans un des quartiers les plus riants de la ville, sur le bord de la rivière, et offre aux baigneurs, par le jardin contigu aux galeries des bains, tous les agréments désirables. Bains ordinaires sur place, bains composés, tels que Barrége, etc.; bains de douche, et vapeurs. La direction se charge également de faire conduire des bains à domicile.

———

Boulogne (Pas-de-Calais). — Bains de mer. Il n'existe nulle part une aussi belle plage et des bains à un prix si modéré. Cet établissement magnifique offre des salons meublés avec luxe, où les étrangers se réunissent. Plus de cent voitures et guérites conduisent les baigneurs au milieu des eaux; directeur, M. Gustave de Launay.

———

Les bains de Sainte-Hélène, déjà célèbres dans le Nord de l'Italie, font une partie du gros village de la Battaglio, situé à huit milles à l'ouest de Padoue, dans une agréable position, au pied des collines Euganéennes. Il y a des parcs et des bâtiments dans la plaine et sur la colline, et Sainte-Hélène est justement le château central de cet établissement. Les eaux thermales sulfureuses qui, en grande abondance, ont leur source immédiatement dans ce lieu, avec une chaleur de 57° Réaumur, contiennent de l'iode, du brôme et de la naphte dissoute dans le gaz hydrique. C'est en vertu de ces principes, bien plus efficaces que ceux du simple soufre, qu'elles guérissent si admirablement les affections lymphatiques et glandulaires, tels que les engorgements, la scrofule, les maux vénériens, les dartres, les affections rhumatismales et arthritiques chroniques, la goutte; elles guérissent ou soulagent les maladies chroniques de la moëlle et des nerfs, tels que les torpeurs des membres, la paralysie, les spasmes et l'épilepsie, etc. L'aménité de la situation, les beaux logements, l'union de tous les agréments, l'approche de la ville de Padoue, rendent aussi cet endroit particulièrement recommandable pour qui voudrait jouir en bonne société d'une partie de campagne, en réunissant les avantages d'un énergique traitement médical. L'efficacité de ces eaux, qui peuvent être considérées comme supérieures à celles de Carlsbaden, est déjà constatée depuis le temps le plus ancien, par le concours toujours croissant d'étrangers et de nationaux, et la beauté du site y a appelé plusieurs fois des princes illustres et des personnages distingués. L'économie du vivre et du traitement recommande aussi ces bains à toute classe de personnes, et en cela on peut assurer qu'ils sont supérieurs à tout autre établissement thermal connu en Europe.

AUGUSTIN MENEGHINI, *propriétaire.*

BAINS ÉTRANGERS EN RÉPUTATION.

ALLEMAGNE. — M. S. Eger, 82, Soden, 86.

ANGLETERRE. — M. F. Cheltenham, Scarborought 76. M. purg., Epsom, 85. M. S. Bath, Bristol, 84.

AUTRICHE. — S. th., Baden, 51.

BOHÈME. — Al., Carlsbad, 66. Marienbad, 70. Tœplitz, 68. M. purg., Pullna, Seidchulz, Sedlitz, 83.

BAVIÈRE. — M. S. Heilbrunn, 84.

GRAND DUCHÉ DE BADE. — M. S. Baden, 82.

BELGIQUE. — M., gaz., fer., Spa, 56, 76.

DUCHÉ DE HESSE. — M. S. Schlangenbad, 78.

ITALIE. — G. Agnano, Ischia, Tripoli, 97. S. th., Sainte-Hélène, 146, Lucques, 46, Castellamare, 51. M. S. Albino, 84.

DUCHÉ DE NASSAU. — Ac. Seltz, 54. Al. Ems, 65. M. F. Lagens-Shwalbach, 73. M. S. Wiesbaden, 82.

PRUSSE. — M. F. Aix-la-Chapelle, 76. M. G. After, 57.

PROVINCES RHÉNANES. — M. F. Tongres, 76.

SAVOIE. — S. th., Aix, 47. M. S. Saint-Gervais, 79. Chamouny, Evian, Sallanches.

SUISSE. — M. G. Losdorf, 56, Pétersberg, 60. M. S. Bade, 81. S. th., Leuk, 47, Pfeffers, Yverdon, 52, Schinznach, 48.

WESPHALIE. — Gaz., Pyrmont, 65.

FIN.